运筹多空策略
捍卫金融疆土

期货英雄 2

蓝海密剑期货实盘大赛优秀选手访谈录 2012

杨劲松 沈 良 主编
东航金融 & 期货中国网 出品

地震出版社
Seismological Press

图书在版编目(CIP)数据

期货英雄.2,蓝海密剑期货实盘大赛优秀选手访谈录(2012)/杨劲松,沈良主编.
—北京:地震出版社,2012.10
ISBN 978-7-5028-4127-0

Ⅰ.①期… Ⅱ.①杨… ②沈… Ⅲ.①期货交易-经验 Ⅳ.①F830.9

中国版本图书馆CIP数据核字(2012)第192124号

地震版　XM2772

期货英雄2——蓝海密剑期货实盘大赛优秀选手访谈录2012

杨劲松　沈　良　主编
责任编辑:刘素剑
责任校对:孔景宽

出版发行:**地震出版社**
　　　　北京民族学院南路9号　　　　　　邮编:100081
　　　　发行部:68423031　68467993　　传真:88421706
　　　　门市部:68467991　　　　　　　　传真:68467991
　　　　总编室:68462709　68423029　　传真:68455221
　　　　证券图书事业部:68426052　68470332
　　　　http://www.dzpress.com.cn
　　　　E-mail:zqbj68426052@163.com
经销:全国各地新华书店
印刷:三河市鑫利来印装有限公司

版(印)次:2012年10月第一版　2012年10月第一次印刷
开本:787×1092　1/16
字数:199千字
印张:16.5
书号:ISBN 978-7-5028-4127-0/F(4800)
定价:36.00元

版权所有　翻印必究
(图书出现印装问题,本社负责调换)

《期货英雄2》编委会

主编：杨劲松　沈　良
编委：王　芳　李　婷　翁建平　章水亮

金字塔顶的口粮

高贵者趋之若鹜的加冕天堂，
卑微者梦寐以求的蜕变神殿。

一双手，一颗心，
伸向高远。
神马不是浮云。
一串数字，一张图表，
潮起潮落。
奢望也是理想。

金钱是心灵的口粮，
你的心胸无比开阔。
流洒的时间，
掐不断梦想的渴望。
升起的太阳，
凝聚成金黄的向往。
在众神的神殿抚弄众神，
在自由的天堂独揽灿烂。

日落月升，银河璀璨。
金字塔顶，也是可汗。

目 录

《期货英雄1》各路豪杰的总结、建议和问候 …………………… 1

序 ……………………………………………………………………… 1

郑加华：没有舍就没有得 …………………………………………… 1

严圣德：活着是最重要的事，稳定就是暴利 ……………………… 9

倪伟东：短线用直觉交易、中长线等信号 ………………………… 25

林　峰：不输掉自己，不输掉勇气，更不能输掉信心 …………… 39

陆海鹏：投资是面好镜子，可以照出人性 ………………………… 53

吴耿云：期货交易是一门概率学应用学科 ………………………… 65

丁洪波：把握趋势时，领悟时间非常重要 ………………………… 77

胡庆平：商品的牛市还远没有结束 ………………………………… 89

周汉平：多品种多策略可以降低回撤率 …………………………… 99

葛云华：做投资无非就是博取差价的游戏 ………………………… 109

李　飞：市场对要跟随，市场错更要跟随 ………………………… 119

INNOVA：性格、态度决定做事的过程和特点 …………………… 131

于海飞：控制风险的最好办法是有储备金 ………………………… 145

朱啸宇：在期货里，没有百分百的事情 …………………………… 157

顾伟浩：具体而微的方法必然会被淘汰 …………………………… 165

王福生：一只眼睛看市场，一只眼睛看自己 ……………………… 177

Sampras：尽量不亏钱，能赚多少看运气 ………………………… 199

杨行贵：大胜的启蒙胜过大败的教训 ……………………………… 211

吴　飚：短线交易能够让交易员随时保持对市场的敏感性 ……… 223

附录一 ………………………………………………………………… 233

附录二 ………………………………………………………………… 240

《期货英雄1》
各路豪杰的总结、建议和问候

黄俊：

距《期货英雄1》出版一年左右，悉闻《期货英雄2》也将推出，在2011年9月16日至2012年9月21日这段日子里，我的收获很大，感慨也很多。对交易的理解，无论从深度还是广度，也都有新的认识；账户运作无论是稳定性还是增长性，都还比较令人满意。

回首一年来，参赛账户收益率为283%，盈利额为2079857.1元，幸获志愿军组别第一名；种子基金操作账户累积单位净值从1.4746增长至2.4986，累积盈利额为3307201元；参赛账户高点最大回撤为-14.01%，时间出现在2012年6月4~20日；最大盈利增长率69.72%，时间为3月30日至6月4日；总平仓次数为5251次，盈利次数（含打平次数）3097（打平548）次，亏损次数为1606次，胜率为58.97%；单笔最大盈利为278800元，单笔最大亏损为72160元，日内交易和隔夜交易均获得盈利，按盈利额由大到小的品种排列为：塑料、螺纹、豆油、焦炭、糖、铜，占总盈利额的79.48%。令我感到欣喜的是原先一直亏损的黄金，在这一年中也扭亏为盈。

这一年来，中国期货市场的投资环境和结构也正在发生质的变化，随着资管业务的放开，在券商、保险、银行等特殊法人户的开设等一系列利好政策下，期货市场正由原来的民间草根高手模式逐渐转型向团队化、机构化的模式推进，一系列合伙制企业和专户基金也孕育而生。同时在此背景下，东航金融举办的旨在发掘职业期货基金管理人的业内超长周期大赛——"蓝海密剑"，增加了盟军和基金组两个组别，这一大胆而富有包容性的新改革必将给这一赛事增添新的色彩和亮点。在此预祝大赛成功，并为中国金融期货市场的人才发现和市场转型发挥出新的力量和作用。

与此同时，《期货英雄2》也将出版，这是一套凝聚中国本土期货市场顶尖人士交易智慧的丛书，我本人也从此书中获益匪浅，相信任何有志于期货交易的投资者，都能从中找到属于自己的交易智慧。在此预祝《期货英雄2》再创辉煌！

张健：

期货市场是个冒险家的乐园，这里不乏奇迹和梦想，每个人来此都怀揣着一种信念。期货市场能够制造财富的同时也伴随着毁灭，风险是永远不变的主题。要对期货市场时刻保持着一份敬畏，对于胜败得失要有平常心。顺势、轻仓、止损、从容淡定，方是期货市场中的立足之道。

Freezegogo：

过去的这个赛季，我的成绩还算不错，再次拿到了所在组别

(集团军)的第一名。从技术层面来看，无论是在交易策略的执行，还是对市场转折点的把握上，都犯了不少的错误。**在心态方面却成熟了一些，风格更趋稳健，但离古人笔下"不敢怀庆赏爵禄，不敢怀非誉巧拙"的境界还差得很远。**总的来说，就是收获了不少，成长了不少，也认识到自己还存在很多不足。我相信，在"蓝海密剑"这个一流的竞赛平台上，只要不急于求成，并用心去学习，踏踏实实地交易，借鉴而不盲从成功者的交易思想，我们都将不断地成长，最终都会在庞大的金融竞技场中，获得自己的一席之地。

周伟：

蓝海密剑期货实盘大赛从2008年创办以来，已连续举办了四届的比赛，也伴随我走过了这四年的期货投资生涯。值得称赞的是，**这项比赛一直严格秉承着其创立之初的设想和宗旨，积极探索衍生品投资基金管理经验，努力挖掘和培养衍生品市场的交易人才。**此外，缜密的大赛规则、独特的净值算法、统一的手续费标准、丰富的奖项设置、热情周到的服务……这些都让走到今天的"蓝海密剑"大赛俨然成为国内期货界的一项华丽盛事。如今，新的第五届又即将拉开帷幕，创造性地增加了盟军这一独特的组别，让整个比赛更富激情和包容性，我衷心祝愿"蓝海密剑"期货实盘大赛越办越好，不断地涌现出更多的期货英雄！

时强：

作为一个市场中的交易者，我经常和别的交易者互相交流各自的心得感悟和得失教训，这既是一件赏心乐事，也是一种重要的进步方式。"三人行，必有吾师焉"。在交流的过程中，我有些体会在此与大家分享：

首先，交流学习的前提是要有我，方不致茫无头绪。在刚进市场不久的朋友身上经常发生这样的现象，由于还没有一个适合自己的成熟的交易体系，也没有对于自己能否成功的信念，所以很容易在思维上被"拐走"，容易发生东施效颦，不考虑自己的思维特点、承受能力等具体状况，盲目地效法成功者，结果把价值投资做成长期持股，把重仓长线演变成逆势死扛。

其次，在交流中要学会能够无我，才能够海纳百川。这个在市场中小有成绩的人身上多见，每个人都是从自己的角度出发来看待事物，但是如果把自己相信的或者赖以成功的东西绝对化，认为舍此皆非正途，对于别的交易途径彼此攻讦互斥其非，比如系统交易和价值投资之间，趋势投机和价差套利之间，日内和长线之间等，这都体现出了自身的见识阅历还有很大的局限。**只有不抱成见，放开眼界，才能不断地丰富自己的知识结构，加深市场了解深度和扩充交易格局。**

《期货英雄1》书中汇集了很多交易者的交易历程和各自所思所想，通过阅读此书，可以多吸收别人的交易经验，少走前人走过的弯路。市场中最大的风险不是来自于黑天鹅式的意外事件冲击，而是来自于人性本身的失控风险。做了多年的交易者回头来看会发现犯的错误都是多年前已知的基本常识。所以多看多见证他人的起落得失，足以为自己做一番交易心智的洗练。或许书中交易者的心念纠缠、人生悲喜还无法被准确传达与完全体会，但是开卷有益，有何收获，有何领悟，如人饮水，冷暖自知。

高凤国：

从 2008 年初，开始断断续续投资期货，一晃快五年了，可以说我的期货之路是伴随着东航金融期货大赛成长起来的，从"潜龙出渊"到"蓝海密剑"，每届都进行了参与或关注。**期货投资是非常敏锐和信息对等的行业**，东航金融举办的期货大赛恰恰给我们提供了很好的交流平台：在每届或每赛季投资交流论坛暨颁奖典礼上，可以获得和各路名家、投资高手面对面的交流机会，听取他们的交易经验和心得，取长补短来弥补自己的不足；红绿联盟论坛的开通，以及个人投资分析系统和资金雷达跟踪系统的开通，为参赛选手提供了强有力的信息技术保障；一届又一届的比赛又将其他期货公司开户的参赛选手不断吸收进来，为大赛融入了新的元素，增添了活力；《期货英雄1》和《期货英雄2》的相继出版，是展示获奖选手交易心得的文字记录。

愿大赛越办越好，成为期货投资者的乐园！

高兵：

期货市场刚经历了相对和平的时期，正在恢复残酷的本性，这也是其魅力之所在。 战场必须要有人倒下才会有人崛起，胜者必定是潜心修炼且能理性看待确定性与不确定性关系的人。

是俊峰：

近一年本人的交易范围逐渐由国内市场转向全球市场。相对而言，国际市场还是有很多优势的。首先，是交易品种多样化，除了国内对应的常规品种之外，还有国债、牲畜、咖啡、可可等，可以构建的产品组合相当丰富；其次，国外期货合约每手价值量都很大，因此手续费占商品价值的比重相当低，几乎可以忽略不计，相比之下国内期货交易所收取的手续费严重偏高；再次，保证金收取方式相当合理，均采用初始保证金+维持保证金的模式，不会出现国内市场欠一块钱就被强平的现象；还有，国内市场投机性过强，大部分交易集中在远期合约，因为交易所在距离交割日还有一两个月的时候就开始提高保证金，而国外期货市场个人客户几乎也无法交割货物，但是交易所不会因为这个问题去增加保证金，而是每个交易所都有转仓指令可以轻松转仓到下个月份，因此国外期货交易主要集中在近期合约，期货价格更加贴近现货价格；最后，对于套利交易者而言，保证金还有更多的优惠，比如原油和汽油的套利，整个组合的保证金比其中一个品种的单边保证金还低一半，大大提高了资金使用效率。当然，尽管国际市场的优势相当多，国内市场也不能放弃，毕竟分散投资才能降低风险。

杜小东：

我认为，期货市场作为资本市场的一部分，恰恰因为它追随了国际市场，并且提供了充足的流动性，以及有着公开透明的规则制度，正为中国追求财富梦想的人们提供了一块净土。

期货市场，这的确是一个最为公平的市场，没有人可以暗箱操作，也没有人可以挟资本以令诸侯。**在这里，可以被敬畏的，只有你的胆识和过人的分析判断力。**

期货行业，这的确是一个智力密集型的行业。在这里，你与财富相伴，无需担心规则的不公平，也无需担心信息的不透明，你最需要专注的，就是提升你的知识面，加强分析和判断力，并不断纠正自己的错误，提升自己追求财富的能力。这正是一个完美人生所需努力的。

但就是这样一个融合了人类智商与情商的行业，却又让广大普通投资者望而生畏，好在《期货英雄1》为广大投资者和欲进入此行业的准期货英雄们提供了一个很好的参考。

期货市场有千百个关于财富的神话，每个神话里都有一个英雄的奋斗史。让我们去体验财富英雄的跌宕人生，学习他们探索财富的思维方式，站在财富的舞台上，与他们一起演义出一个又一个鲜活的财富故事，便是你阅读《期货英雄》系列图书的意义之所在。

英雄并非都是成功的，但当我们读到英雄的悲泪史时，也给了我们最好的忠告和最及时的警示；英雄的辉煌成就，也是激发我们以正常的方式、个人的勇气和智慧探求财富的动力。

期货，作为金融领域的高端行业，正在不断创造着一个又一个财富神话，有着商品投资大师之称的罗杰斯，制造东南亚危机的量子基金掌门人索罗斯，次贷危机下名噪一时的保尔森都给我们树立了很好的榜样，相信在未来，仍旧有更多的榜样呈现。

而国内期货从业者中，中国的英雄们也在不断涌现，每一位英雄都讲述了一个不同的故事，汇成了期货投资故事的《一千零一夜》。所以，《期货英雄2》也就顺理成章地推出了。

最后，让我套用我在《期货英雄1》里的一段话，大意是：**成功人士都有自己的路，不要一开始就指望别人的经验能给你带来好运**，你必须首先确保对自己洗心革面地改造，然后才能借助于别人的经验来完善自己。

还有一句话：所有的回报都要有前期的付出，没有随随便便就能得到财富的（我经常说，如果什么都不懂的人也可以获得很多财富，那中国就没有穷人了）。

以上两段内容是我给大家的忠告。成功与否，总是要在行动之后方有定论；而成功与否，又总是与你所有的行动（包括学习、思考、总结等）有着必然的因果关系。

接下来，你可以开启《期货英雄2》了！

梁任：

期货市场就是战场。**期货市场非常独特，是人世间搏杀最激烈的金钱战场**，每次交易都像战争一样，是激烈的短兵相接。每一次都是新的挑战、新的开始，以前的盈利不能对你有一丝一毫的帮助。你必须全力以赴接受新的挑战，以前的失败也不能注定你这次一定不能获胜。整个战争的胜利由无数次大大小小的战斗组成。**我们可以赢得战争，但永远不可能赢得所有的战斗，甚至有的战斗是我们必须主动放弃的**。真正具有决定性意义的战役可能就是一两次，即使这一两次不能取得胜利，也万万不可固执地死拼而导致全军覆没。

倪伟更：

轻仓不过夜比较好，以小博大，盈利积少成多。

王向洋：

去年有一段时间对行情不太适应，状态不是很好，我选择了退出比赛，现在新一年的比赛开始了，我会重新参加，我感觉我的状态回来了。

现在的市场，不是简单的牛市或熊市。2008年后中国经济发展有所变化，在期货行情上的表现则是宽幅震荡，可能个别品种有牛市、熊市之分，但不是所有的品种都处在同样的牛熊之中，所以，以前所有品种牛市或者熊市一起看到底的思维已经不适用了。现在行情处在新的阶段，部分品种强，部分品种弱，涨跌的行情都不太流畅，品种选择很重要，仓位控制也很重要；**现在做一波行情，不能用从头做到尾以一个方向的思路去做，要在过程中有更多细节的处理；**现在做交易要更注重防守，用"防守反击"的战略，就像踢足球，以前的打法是巴西队，要进攻，要进球多，现在的打法是意大利队，要输球少，赢一个球也是赢，以后打比赛要讲究攻守平衡，而不是一味地进攻；在关键价位，能不输就不输，能少输就少输；要主动采取守势，必须做好防守，平时可以以防守为主，在发现机会时再进攻，这样的做法，盈利也未必少。

在过去的一年中,我感觉做空不太好做,我不顺利的单子大部分都是做空导致的,相对来说做多好做一些。现在的行情,要把收益预期降低,不能求暴利,把握好的时机,多空都有机会,精选品种,在局部的空间和局部的时间,做多或做空都可以,但做空要谨慎,局部一段时间可以做空,应偏重做多头,尽量选择一些可以做多的品种。

冯尚国：

为了避免较大的回撤、追求交易开仓平仓点位精确,还有避免人性的主观,我逐步转变到模型化交易上来了,经过验证效果还是可以的。

对于大赛,选手们为了取得好的名次大多是满仓或重仓交易,这样赌盘致使收益率大起大落,不能真实地反映好的交易理念,同时重仓也是交易之大忌,有时也不能反映出选手的真实业绩,建议评委在下一届比赛中增加稳定收益的奖项,不要只是依据单一的收益率来定名次。

建议投资者还是尽量按照自己原有的交易风格来操作,不要被比赛的高收益所诱惑而失去自我。**最好还是在低风险下追求稳定收益,不要追求过高的收益**。市场上不缺明星,缺的是寿星。

伍建群：

3年2个月,一段不算长也绝不短的时间,温州在握资产管理公司在期市历经了风雨的洗礼,但不管市场如何风云诡谲,不管路途上遇到多少挑战，我们的信念只有坚持、坚持再坚持，在金融投资和艺术品推广这两条道路上，一步一个脚印地前进。

回顾过去，在 2009~2010 "蓝海密剑"期货实盘交易精英晋级赛中，温州在握资产管理公司参赛的四个账户合计盈利 33949657 元，平均收益达到 227.11%。

2012 年 4 月，公司正式从温州移师上海。

在期货资产管理平台，温州在握资产管理公司坚持与东航金融的良好合作，从原来依靠单一操盘手运作的模式，成功转型到团队运作的模式，形成了平台管理人、操盘团队、投资人的完美组合，并已通过东航金融着手开始运作期货基金。

在艺术品推广方面，我们团队基于对艺术品市场的敏锐洞察与深入研究，正在全力打造金融与艺术融合的一条产业链，这个全新的艺术家推广与艺术品交易模式和平台，实质上是要为国内的当代艺术领域做一件有功德于社会的善事——不但让国内金融投资者们的思维方式及财富创造方式发生根本的转变，更让国内优秀的艺术家拥有更强大、更自由、更立体化的展示平台。如今，我们正在紧密筹备建设位于上海的铠睿美术馆、国际艺术线上商城，以及可复制的铠睿艺术空间计划。我们将以自己的努力，一如既往地为投资人不断地打开梦想空间。

从 2012 年 7 月 12 日至 2012 年 9 月 21 日，温州在握资产管理公司以"在握艺术型投资团队"的名义参加了蓝海密剑第四届期货实盘大奖赛，短短的时间内已盈利 154%，年化收益率达到 322%，名列导弹组第 8 名，综合评级第 28 名，全部选手第 91 名。

在操作理念上，我们愿意为期货界的各路英雄们分享一点自己的新想法：

(1) 坚持趋势投资，但要把握灵活性，长短结合是王道。

(2) 坚持技术面，坚持基本面，坚持技术面和基本面结合，都还不是制胜之道。总而言之，**我们坚持以形而上来驾驭形而下，以哲学的高度应对这变化多端的市场。**

(3) "及时改变计划"是计划构成的一部分。

(4) 对亏损和盈利的过度关注都会导致失败。

(5) 无原则也是一种原则，不要"多错了不敢空"，"空错了不敢多"。

(6) 某些时候，喜欢你的亏损，因为"一切的发生都是刚好的"，在"舍"与"得"之间寻找平衡。

(7) 听听别人的分析，看看别人的分析，但单子一定要做自己的。

(8) **市场保护冷静的人，更青睐勇敢的心。**

(9) 只要活着，就有希望，自信是力量的源泉。

(10) 做任何事情都需要勤学习，需要高度和胸怀，期货投资尤其应当如此。

(11) 在所有人都深信不疑的时候，你何妨表示一份怀疑，那是一种警觉；在一切都被否定的时候，你必须给予一定的肯定，那是一种智慧！

序
方法、性格、行情的共振

在期货市场，从来不缺奇迹。我们总是会在正规媒体上、在网络论坛上、在朋友圈子里看到或听到，某某某赚了大钱，甚至赚了超级大钱。这些年来，期货市场确实造就了很多千万富翁，也有若干亿万富翁出现。

循着传奇、望着财富，投资者进入期货市场，大部分人也希望自己成为投资高手，赚取可观的金钱。让自己成为高手的方法之一就是向高手学习，于是不少投资者会经常去参加各类免费或收费的讲座、培训等，希望听听曾经创造过辉煌的高手是怎么做的，希望自己能学个一招半式。

要在期货市场实现盈利，确实需要掌握一套或数套方法，也可以去借鉴某些高手的方法，但最重要的并不是高手在用什么方法，或是市场现在流行什么方法，而是要找到和自己的性格共振的方法。

交易方法、交易者的性格、行情走势，这三者共振时，交易者能够盈利，共振的次数越多，盈利的次数就越多，共振的时间越长，盈利的时间也就越长。

首先，使用的交易方法和自己的性格能产生共振，交易者才能坚持使用，才能贴合执行，才能知道该方法的核心优势和最大劣势（从而可以充分发挥优势，尽量克服劣势）。如果方法和性格冲突，则方法再好也无法执行，更不用说逐步改进了。

其次，还要有行情与交易方法共振才能实现利润。如果是日内交易，可能连续几天都有一部分共振的行情，可能某一天会超级共振，也可能连续几天几乎没有共振的行情；如果是中长线趋势交易，可能连续一两个月都产生共振，也可能连续三个月甚至半年都没有共振发生。虽然对很大的资金来说，可以短时间影响行情的波动节奏和方向，但不可能总是"制造"行情，行情方向和波动节奏有它自己的运行方式，这个方式是所有参与者的预期和行动的综合结果，单个参与者只可能临时影响，不可能总是引领。因此是否有与交易方法共振的行情发生，对交易者来说只能预期、判断和选择，不能一厢情愿地认为它一定会来，同时当共振的行情发生时，又必须把它抓住，否则错过之后，可能又要等很久。

一个人的性格是天生的，大部分由遗传基因决定，也受成长环境的影响。在社会的打磨中，可能会协调外在表现，但内在品性不太可能改变。因此，交易者只能去寻找和自己的性格相匹配的方法，不能让自己将就某一种方法。同时，方法肯定是可以寻找、摸索和选择的，对自己认识越深刻、对自己剖析越准确的交易者越有可能找到和自己的性格共振的方法，越早找到和自己的性格匹配的方法越幸运。而行情是不可控的，共振行情的发生只能期待，不能奢望。只有始终坚守自己，才能迎来共振的行情，实现财富的飞跃。

郑加华：没有舍就没有得

(2011年6月8日 沈良整理)

郑加华

重仓与稳定盈利并不矛盾，抓住一把大行情，转换出盈利，并用盈利博取更大的收益

郑加华：20年股市投资经验，10年期货投资经验，自定义为一个追逐趋势交易的投机者。善于把握中长线趋势，擅长大资金的操作。

在蓝海密剑期货实盘大赛中(2009~2011)荣获上将晋衔奖、中奖晋衔奖、上校晋衔奖、盈利额第一名、导弹部队杰出奖章、后备战地指挥官等奖项。

访谈精彩语录：

股票市场是趋势第一、入场点第二；期货市场则是入场点与趋势并列排第一。

期货市场如果没有好的入场点，那么再大的行情好像都与你无关。

放在期市里的资金本来就应该是风险投资资金。

由于仓位较重，受到的压力也很重，也就会很好地去执行止损。

本金的安全永远放在第一位，只有有盈利时我才会重仓出击。

由于我是趋势交易者，趋势没有完结时，可能要承受大幅震荡的痛苦。

我们都看到在这个市场80%~90%的人亏损，为什么呢？往往是挣小钱、赔大钱造成的。没有舍就没有得。

运作大资金，必须要做趋势，不能随意改变自己订下来的计划，到止损位时就该止损，而趋势没有完结时，就该死捂不放。

世上有挣不完的钱，任凭弱水三千，我只取一瓢饮。

我愿意将10个鸡蛋放在一个篮子里细心呵护。我只做单边，不做套利。

市场上总有一些人认为套利很安全，风险小，收益相对好，而我认为在风险市场没有确定的东西。

多挣一点儿少挣一点儿都是一笔成功的交易，不要计较太多。

我觉得研究好K线形态、K线组合是能够实现盈利的。

K线是反映基本面、反映人的心理因素方面最好也是最直观的表现形式。

我的交易方法和操作技术，是我经历无数次失败而从市场里学的一些皮毛。

我时时提醒自己要少犯错，错了要止损认输。

期货这行业是痛苦和自责远远大于快乐的行业。

如果犯错了一味地自责和后悔，往往影响到人的心态，进而使交易变得更难。

期货市场教会了我很多做人的道理，"做期货就是做人"。

(浙江的富人)应该学学李嘉诚的高抛低吸，在市场狂热时及时出脱过热资产等待机会，在经济复苏时敢于重仓杀入。

期货私募具有非常大的发展前景，三五年后大的期货私募管理机构应该能管理10亿以上的资金。

问题1：感谢郑加华先生在百忙中接受期货中国网和东航金融的联合专访，您有近20年股市投资经验，也有近10年期货投资经验，就您多年实战参与的感受来讲，股票和期货主要有什么不同？哪个市场更容易赚钱？

郑加华：股票市场是趋势第一、入场点第二；期货市场则是入场点与趋势并列排第一。期货市场如果没有好的入场点，那么再大的行情好像都与你无关。只要掌握好时机，两个市场都容易赚钱。

问题2：您现在运作的金融投资方面的资金，是股市多一些，还是期货多一些？这两个市场的资金比例为何如此分配？

郑加华：如果是两个市场都有大机会，那就是**股市资产占大头，约占**80%~90%。从2009年8月份股市里退出来的资金，一直到现在还没有进场。

问题3：一些朋友操作较大资金的账户往往会把仓位设得比较

轻，而我们看到您操作的账户会重仓出击，一般情况下，账户的仓位您控制在什么比例？会不会随着行情的发展做一些仓位的调整？

郑加华：放在期市里的资金本来就应该是风险投资资金。期货资金应是事先就做好了能承受大幅亏损心理准备的闲散资金。一旦选好入场点就会重仓出击。**由于仓位较重，受到的压力也很重，也就会很好地去执行止损。**一般一次建仓完成后，向盈利行进时就不会再加仓了。

问题4：当大资金账户的权益遇到较大的波动时，您是如何管理资金曲线的？账户本金的回撤和利润的回撤一般控制在多大的范围内？

郑加华：**本金的安全永远放在第一位，只有有盈利时我才会重仓出击。**由于我是趋势交易者，趋势没有完结时，可能要承受大幅震荡的痛苦。有时甚至要回吐大部分利润。有些人替我可惜，到手的钱为什么不止盈呢？个中原因只有我自己知道。**我们都看到在这个市场80%～90%的人亏损，为什么呢？往往是挣小钱、赔大钱造成的。没有舍就没有得。**

问题5：成熟的期货投资者都知道运作大资金要比运作小资金难很多，而您操作大资金也游刃有余，就实际操作的经验来看，操作大资金和小资金相比，主要需要克服哪些困难？

郑加华：运作大资金，必须要做趋势，不能随意改变自己订下来的计划，到止损位时就该止损，而**趋势没有完结时，就该死捂不放。**小资金就比较随意，天天追涨杀跌，每天都想挣很多钱，其实那会很累又很难挣钱。

问题6：大资金一天的盈亏可能会有上百万、上千万甚至更多，您如何看待短期内的盈亏得失？

郑加华： 一天盈亏上百万、上千万，我只看做是数字在跳动，这些钱不一定是你的，得到又失去，失去又得到，期货就是这样子。只有将盈利转出去的才算是自己的钱。面对盈亏得失，心态一定要好。

问题 7： 您认为"做期货也就是做心态"，看来您十分看重心态对期货交易的影响，请问您在交易中如何掌控自己的心态？有哪些心态是必须克服的？

郑加华： **怎么看待"得失"是关键**。对于利润的大幅回撤，我只能做到这样去理解：失去的本来就不是我的，我现在得到的少一点儿才是上天真正眷顾我的。**世上有挣不完的钱，任凭弱水三千，我只取一瓢饮。**

问题 8： 您在期货市场配置的资金总量是比较大的，可能需要不同的交易策略分散投资。那么除了擅长的中长线交易策略以外，其他的交易模式有没有考虑？有没有运用？

郑加华： 我愿意将 10 个鸡蛋放在一个篮子里细心呵护。**我只做单边，不做套利。**

问题 9： 但有很多高手、专家认为套利更适合大资金的运作，请问您对对冲套利的交易模式有没有研究？会不会考虑采用这种模式？

郑加华： **市场上总有一些人认为套利很安全，风险小，收益相对好，而我认为在风险市场没有确定的东西。各种盈利模式都有优劣两面，只看你怎么去运用了。**

问题 10： 这几年来，程序化交易在我国期货市场发展较快，您如何看待程序化交易？您觉得程序化交易的好处和坏处分别是什么？

郑加华：我没有用程序化交易，程序化交易有可能使交易缺乏

激情。

问题 11：您曾说：是否决定进场会看三方面的因素，一是基本面；二是 K 线形态；三是市场氛围。请您说一说这三个因素如何配合和如何表现时，您会考虑进场？

郑加华：目前在大宗商品金融属性很强的时候，我认为市场氛围这一因素有时显得很重要。一波大趋势我认为必须要具备此三个因素才能正确把握。

问题 12：中长线交易的出场对很多投资者来说是个难题，因为出场时可能带来较大的利润回吐，您如何看待这个难题？有没有优化的方法？

郑加华：中长线交易的出场有左侧交易和右侧交易两种。**左侧交易有可能走到很好的点位，也可能错失下一段的机会。右侧交易往往能出在满意的价格，当然不是最好的价格，但是有可能吃完整个波段的行情。**应该说这两种出场方法如果都有利润，都好，**多挣一点儿少挣一点儿都是一笔成功的交易，不要计较太多。**

问题 13：您对 K 线形态、K 线组合的研究已经有十几年了，在我们看来，您似乎已经掌握了价格的涨跌奥秘。您觉得一个投资者如果把 K 线研究透了，而其他的因素一律不考虑，只按照 K 线分析发出的信号操作能否实现盈利？

郑加华：我觉得研究好 K 线形态、K 线组合是能够实现盈利的。最怕你不好好地去执行。因为 K 线是反映基本面、反映人的心理因素方面最好也是最直观的表现形式。

问题 14：除了看 K 线以外，您还会看哪些指标？

郑加华：我不会看任何指标。

问题 15：您期货交易的分析方法和操作技术，是自己在实战中逐步摸索和提炼的，还是向某些高手学习、讨教的，或是看某些书籍感悟出来的？

郑加华：我的交易方法和操作技术，是我经历无数次失败而从市场里学的一些皮毛。亏的次数太多了，慢慢就学乖了。我时时提醒自己要少犯错，错了要止损认输。

问题16：您觉得期货投资者想要从亏损走向盈利，最需要克服的困难或弱点是什么？最需要掌握的知识或技能是什么？

郑加华："心态"应摆在第一位。期货这行业是痛苦和自责远远大于快乐的行业。由于人性所具有的弱点使人容易犯错，如果犯错了一味地自责和后悔，往往影响到人的心态，进而使交易变得更难。

问题17：期货现在在您的人生中扮演一个怎样的角色？期货生涯给您最大的人生感悟是什么？

郑加华：期货市场教会了我很多做人的道理，"做期货就是做人"。

问题18：胡润认为浙江超过10亿身家的富人有700个。浙江的民间资金比较充裕，而现在实业越来越难做。目前来说，浙江的这些财富拥有者，应该如何规划和配置他们的资产？请您给一个建议。

郑加华：改革开放30多年，敢为天下先的浙江人，由于敢干敢闯，头脑聪明，在大好形势下一批人拥有了巨额的财富。但是**打江山容易守江山难。怎么理好财关系到以后的人生走向**。大部分人只是一味地投资再投资，资金链绷得很紧，流动资金过少，如果碰到经济不景气就会很危险。**应该学学李嘉诚的高抛低吸，在市场狂热时及时出脱过热资产等待机会，在经济复苏时敢于重仓杀入。**

问题 19：您是否看好我国期货私募未来的发展？三五年后，您觉得大的期货私募机构能够管理多大规模的资金？

郑加华：期货私募具有非常大的发展前景，三五年后大的期货私募管理机构应该能管理 10 亿以上的资金。如果期货市场发展很快，市场容量就会很大，那么管理几十亿资金应该问题不大。

问题 20：请您对立志在期货市场长期发展，目标是成为交易高手或私募基金管理人的投资者一些建议或忠告？

郑加华：期货市场要长期发展，国家应鼓励专业的私募基金管理人进入市场，用专业理财来代替散户各自为战的炒期货、赌期货。

严圣德：活着是最重要的事，稳定就是暴利

(2011年9月28日　沈良整理)

严圣德：网络昵称"六年"、"f六年"。

福州人，学医出身，做过一年医生，做过几年销售，开过一个小工厂，做过股票，觉得人生不够成功，于是转做更"给力"的期货，期待华丽转身。

期货交易6年左右时间，前一年半一个人闷头做，没有交流，持续亏钱。到一年半的时候开始有点儿感觉，但还是有所亏损。到两年的时候，即2008年初开始持续盈利，2008年7月开始网上裸单，账户权益从8.3万到现在的2000多万，净值从1到现在的66.86，现以系统化交易为主，短中长均有涉及。

2010年上海中期程序化交易大赛机组冠军、机组人组总冠军，收益率408.50%；第二届(2009～2010)蓝海密剑期货实盘大奖赛陆军组第二名，收益率326%荣获中校晋衔奖；第三届(2010～2011)蓝海密剑期货实盘大奖赛以纯日内短线交易模式荣获上校晋衔奖、机枪手第二名，收益率95.03%，盈利额166万。

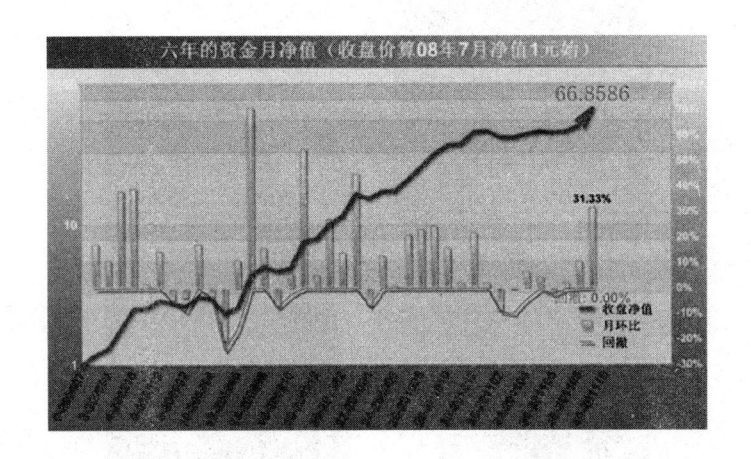

访谈精彩语录：

一开始亏损的主要原因是没有系统的交易理念和交易方法，一心就想盈利。

刚开始做期货的朋友一定要记住你现在是来交学费的，先保证不要被抢太多，然后慢慢学好功夫后再准备抢别人。

操作风格：多品种、多周期、多策略(长中短线日内)混合型交易。

操作理念：(1)活着是最重要的事；(2)我认为价格变化不是完全随机的。

风险管理原则：首先考虑本金安全，其次才是保持盈利，然后在盈利的基础上追求卓越的回报！

我理解的趋势是一定周期内价格连续向同一个方向运行。

在一定周期内价格连续横向运动一段时间我就认为是震荡。

"操作技术"、"资金管理"、"心态控制"这三个要素长期来看互为乘数，只要其中一个为零，结果就等于零。

没有资金管理的成功是偶然的，但没有资金管理的失败却是必然的。

交易的风险控制不只在于止损，更关键的在于头寸。

你必须像经营事业、经营人生一样经营你的交易。它是一项事业，一门技术，一项比拼耐力的运动，一场关于胜算的游戏，甚至是一门艺术。它需要运气，但它绝不是一场碰运气的赌博！

很多知名的交易者，最终以失败告终，都是因为心态出现问题所致。

我的交易系统已经包含了品种的选择和交易策略选择。

进场方式没有好坏，"不管黑猫白猫，能抓到老鼠就是好猫"。

没有最好的方法，只有适合的能盈利的方法。

交易者是和自己赛跑的人，不是和别人比。

我参赛原则是不因参赛而做单，交易和平常一样，做自己该做的，运气好，拿点儿奖也不错。

比较欣赏顾伟浩的稳健，周伟的耐性，郑加华的勇猛。

我理解的盘感就是经验的条件反射，我个人认为盘感是可总结量化的，总结量化后的盘感是可以有效复制的。

从长期来看，短期盈亏是无足轻重的，在这市场存活着是最重要的事，稳定就是暴利。

日内短线、波段和中长线目前都主要是以趋势交易为主，追涨杀跌、截断亏损、让利润奔跑。

一般我按10倍杠杆来算，长线1倍，波段3倍，余下做日内交易。

单位资金盈利能力还是时间越长越强，时间产生价值。

日内盈利能力主要靠复利发挥作用。

当一个账户亏损10%～15%时我开始减少头寸，盈利20%～30%时开始考虑增加头寸。

一般我每单准备亏损总资金的0.25%以内。

我觉得(长期稳定盈利)是可能的，而且一些前辈也做到了。

不管程序化还是主观交易都会有人不断地被淘汰掉。

国内程序化交易目前还处在初始阶段，还有非常大的发展空间。

下一步的目标可能开始追求心灵的自由！

问题1："六年"您好，感谢您在百忙之中接受期货中国网和东航金融的联合专访。您的网络昵称是"六年"，这个名字有什么含义？您取这个名字是否表达了您的某个目标？

严圣德：网名"六年"并不是说做期货六年，而是因**学校毕业时做了个六年规划**，后来就喜欢以六年的时间来计划实现一个阶段性目标。

问题2：您做过医生、做过销售、开过小工厂，但最后还是选择了全职做期货，期货哪些方面的魅力吸引了您？

严圣德：我不擅长交际，又没有突出的资本，就是做事比较专注点，后来发现期货没有复杂的人际关系和繁琐的杂事，可以由小到大直到实现各方面的自由，非常适合我的性格。

问题3：为什么您觉得您做期货要比做其他事业能实现更大的成功？您所定义的成功是怎样的？

严圣德：因为**我非常喜欢交易，交易很符合我的性格**，子曰：知之者不如好之者，好之者不如乐之者。**当你工作时乐在其中，你会更容易从中脱颖而出。**

我对成功的定义是时间、财务和心灵的自由。

问题4：您做期货前两年都是亏损的，您觉得当时亏损的主要原因是什么？

严圣德：**一开始亏损的主要原因是没有系统的交易理念和交易方法，一心就想盈利**。作为一个初学者就想着在这残酷的战场上做个赢家可能性是非常小的。我常把期货交易比喻成对抢，你说要从别人口袋里抢钱容易吗？更何况还有收抢钱场地使用费的，不管你抢没抢到，还是被别人抢都要交，更糟糕的是这里个个都是来抢钱的，而且不少人块头比我们高很多，力气也比我们大很多，功夫也比我们好很多。所以**刚开始做期货的朋友一定要记住你现在是来交学费的，先保证不要被抢太多，然后慢慢学好功夫后再准备抢别人**。呵呵。

问题5：而到了2008年初，您开始走上盈利之路，这似乎是您从量变到质变的一个分界点，您觉得2008年初的您和之前相比，有了哪些方面的突破和提升？

严圣德：亏损的两年中我不断地总结和实践，一年半时开始有了自己的交易理念，慢慢建立起适合自己的交易方法。

问题6：您现在的操作风格和操作理念是？

严圣德：**操作风格：多品种、多周期、多策略(长中短线日内)混合型交易。**

操作理念：

(1)**活着是最重要的事**。考虑好各种可能出现的风险因素，每次开仓前做好最坏的打算，评估风报比，保证风险皆可控制的情况下让利润尽情地奔跑。

(2)**我认为价格变化不是完全随机的**。找出价格变化有规律的地方，拟订一套交易策略，按计划执行，随着市场变化不断修正，不要在意短期的盈亏(基本面分析也罢，技术面分析也好，追涨杀跌也好，抄底摸顶也罢，一年交易一次也好，一秒交易一次也罢)。

风险管理原则：首先考虑本金安全，其次才是保持盈利，然后在盈利的基础上追求卓越的回报！

风险控制方法：分散风险(多品种、多周期、多策略对冲)，控制每次操作风险，控制风险暴露，完善风险控制机制！

问题7：您曾在炒客论坛上晒裸单，您当时"裸奔"的目的是什么？现在，在其他一些网站和论坛上也有一些"裸奔"者，您是否有所关注？您如何看待别人的"裸奔"？

严圣德：我周围只有我一个人做期货比较无聊，一开始贴单的想法就是认识一些志同道合的朋友互相交流、学习、解闷，顺便当做交易记录。后来想也可以有机会的话接点儿资金以便更容易完成计划目标。没有贴单后我就比较少上论坛了，所以对其他人的贴单关注的比较少。

问题8：大部分投资者都在谈趋势，但何为趋势却没有明确的定义和认识，在您的趋势交易理念、趋势跟踪、趋势突破系统中是如何定义趋势、捕捉趋势的？

严圣德：我理解的趋势是一定周期内价格连续向同一个方向运行，以相应的策略不断尝试来捕捉趋势。

问："一定周期内价格连续向同一个方向运行"，能否举个例子。

严圣德：比如一小时内价格持续上涨，我就认为这一小时内出现了上涨趋势。

问题9：当震荡行情出现的时候，您的交易模型能否应对？您是否会人工规避一些震荡行情？

严圣德：按我对趋势的理解，震荡行情也是一种趋势（当然平常讲的趋势是说单边上涨或下跌的趋势），**在一定周期内价格连续横向运动一段时间我就认为是震荡**，就会停用或启用相应周期适合的策略。

问：能否举个简单的例子，在某个周期内(比如日K线)，多长时间、多大幅度的横向运动被您理解为震荡？

严圣德：比如日K线一个月内日平均波幅和月波幅小于某个值就认为是震荡，这些值可以根据历史数据来统计。

问："是否处在震荡行情"由系统自动识别还是人工识别？

严圣德：系统和人工识别都用，主要考虑波动幅度、成交量和持仓量的变化。

问题10：在交易中，您觉得"操作技术"、"资金管理"、"心态控制"这三个要素的重要性排序是怎样的？为什么？

严圣德：我认为从长期来看它们是互为乘数，只要其中一个为零，结果就等于零。

没有操作技术一切免谈,没有资金管理那是豪赌,没有好的心态

控制终不能长久。

操作技术是一切的基础，人们常说在期货市场中"资金管理"、"心态控制"重于一切。然而，我却觉得这一切的前提，是你**必须要有一套完善、经过市场考验的操作技术，否则，就有流于空谈的危险**。

在期货市场中，如果没有资金管理，极端的行情将洗尽你的保证金，相对止损来讲，资金管理才是更大的生存保障。**没有资金管理的成功是偶然的，但没有资金管理的失败却是必然的**。正如你一直采取重仓甚至满仓交易，意味着你每次交易都得与死神擦肩而过，失败是必然的，因为意外总是意料之中的。这种失败是不值得可悲的，它只能说明你让贪婪蒙蔽了眼睛。快速致富是贪婪的人们都希望的，问题是与资本金不成比例的头寸，使交易成为纯粹的一场赌博。更大的程度上讲，**交易的风险控制不只在于止损，更关键的在于头寸**。在大头寸下，跳开的市场(意外事件)，让你根本没有机会止损，而你已经暴仓了。**你必须像经营事业、经营人生一样经营你的交易**。它是一项事业，一门技术，一项比拼耐力的运动，一场关于胜算的游戏，甚至是一门艺术。它需要运气，但它绝不是一场碰运气的赌博！

很多知名的交易者，最终以失败告终，都是因为心态出现问题所致。交易者要保持一颗平常心，不以物喜，不以己悲，记住**活着是最重要的事，活着总有机会**，并且建立一套风险监控机制。

问题11：在您看来，多策略、多品种、多周期的系统化交易模式具有哪些优势？

严圣德：主要是分散风险，提高资金利用率，充分发挥杠杆和复利的威力。

问题12：您认为是严格执行程序化交易更好，还是略加一点儿主观能动性更好？为什么？

严圣德：系统化交易不一定就是程序化交易，我认为几笔单子的盈亏无关紧要，量化交易更容易执行，所以细节的执行我全部量化交易，不主观判断，**我的交易系统已经包含了品种的选择和交易策略选择**（以资金盈亏而调整），**其中也会加入主观分析和判断**。

问题13：程序化交易如果在盘中某个价格出信号，在收盘的时候可能价格又不达标了，所以有些朋友是按照收盘价进场的，您是按照盘中价进场的还是收盘价进场的？您觉得这两种进场方式各自的好坏如何？

严圣德：我选择信号不会反复的方式，我在策略设计时进场价已经排除掉这种反复的可能性。**我认为进场方式没有好坏，"不管黑猫白猫，能抓到老鼠就是好猫"**。

问题14：您的交易模型一般都没有加仓设置，您认为如果要设计加仓，还不如增加一套策略。您为什么这么认为？"直接设置加仓"和"增加一套策略"有什么差别？

严圣德：和设置加仓相比，增加一套策略可以更客观地判断这次加开仓的情况，策略也可以更简洁。

问题15：某些做程序化交易的朋友，开发一个模型测试的时候效果很好，但实盘用的时候却相差很大，您觉得这是什么原因造成的？如何解决或缩小测试和实盘效果差距的问题？

严圣德：**测试环境和实际交易环境是不同的，这是造成差距的原因**。要缩小差距，须尽量考虑要符合实际交易情况，实际交易要能完成，只能增加交易成本而不能减少。如果不考虑行情适应性问题，这样实际交易只会比测试时来得好。

问题 16：您认为"不管黑猫白猫，能抓到老鼠就是好猫"，这是不是您对一个交易策略是否有效、是否可取的评价标准？如果一个策略您用了很久，曾经赚过较多钱，后来不行了，您舍弃它时会不会留恋？

严圣德：只要符合逻辑的能抓到老鼠的策略就可以考虑使用，当然要看总体策略组合的需要。**曾经赚过较多钱，后来不行了，说明这个策略没问题，只是不符合现在的行情，我会把它放入备选池**，等行情符合时再重新启用。然后看看是否能修改成符合现有行情的策略。

问题 17：对胜率低、老是亏小钱、偶尔赚大钱、综合起来盈利的模型，和胜率高、老是赚小钱、偶尔亏一笔较大的、综合起来盈利的模型，这两种模型您更认可哪一种？或者说您觉得它们各自的优劣点是什么？

严圣德：我觉得只要你能接受能执行就行了，这要看具体个人情况，**我原先能接受的是中等胜率的策略，我目前更注重总体组合结果**。

问题 18：您认为做交易要"有舍有得，能赚钱先赚，找到更好的方法前就先做着现在能盈利的方法"，这种思路会不会降低寻找更好方法的动力？

严圣德：我最早开始做隔夜中长线的，后来找到日内盈利模式，为了提高资金利用率就只做日内，**现在日内隔夜都做，我觉得没有最好的方法，只有适合的能盈利的方法**。

问题 19：在您一些自动交易的账户中，有没有出现过较大滑点的问题？有没有出现过程序错误、程序停止等问题？这些问题该如何解决？自动化是否需要人工值守？

严圣德：我觉得要人工值守，以便各种问题出现时人工来处理，你说的这些问题都碰到过。**从长期来看，这种损失就是自动交易的成本**，所以我认为评估策略时就要考虑上这些成本。

问题20：当您的系统发生进场信号，所要的成交价格成交不了，您会放弃这次交易机会，还是不断追价？出场时，要的价格暂时成交不了，又怎么处理？

严圣德：进场要看策略的长短和追价价差，**如果是很短的策略且价差比较大可以放弃这次交易**，出场按追价平仓。

问题21：在刚刚结束的2010～2011年蓝海密剑期货实盘大奖赛您以纯日内短线交易模式荣获上校晋衔奖、机枪手第二名，收益率95.03%，盈利166万。您原本是机枪手收益率第一名，在比赛的最后一天被"红孩儿"超过，对此您是否遗憾？

严圣德：比赛就像交易没有结束时你永远不能说自己是赢家，只能尽力做好自己该做好的。**交易者是和自己赛跑的人，不是和别人比**。当然，蓝海密剑期货实盘大奖赛这样长时间的比赛，给予交易为生的我们提供一个非常好的展示的平台，**我参赛原则是不因参赛而做单，交易和平常一样，做自己该做的，运气好，拿点儿奖也不错**。呵呵！

问题22：蓝海密剑期货实盘大赛是全国凝聚高手最多的大赛，在这个大赛中，有没有您欣赏的选手？比如有哪几位？为什么欣赏他们？

严圣德：**我比较欣赏顾伟浩的稳健，周伟的耐性，郑加华的勇猛**。

问题23：在蓝海密剑的比赛中，您用纯日内交易，在这次大赛中您的日内交易用的是系统化交易模式还是主观交易模式？

严圣德：主要是以系统化交易模式为主。

问题 24：很多人都说日内短线交易要有盘感才能做好，您是否认同？您觉得盘感是个什么东西？盘感能够有效复制吗？

严圣德：**我理解的盘感就是经验的条件反射，我个人认为盘感是可总结量化的，总结量化后的盘感是可以有效复制的**。量化后的经验和数据我觉得并不一定要有好的盘感。没有量化的盘感容易受到主观因素的影响（比如情绪、身体不适、睡眠不足等）。

问题 25：也有人说做日内短线很容易受情绪干扰，几笔单子亏损之后，可能急于翻本了或是不再冷静了，于是乱了章法，越做越亏，您是否出现过这种情况？有没有办法克服这种情况？

严圣德：我早期出现过，现是越亏越冷静，越亏越少做或停止交易。如果你想以交易为生，可以想想看交易并不是以短期盈亏定输赢的，不能让风险太过于集中在一个头寸里。**从长期来看，短期盈亏是无足轻重的，在这市场存活着是最重要的事，稳定就是暴利**。

问题 26：做日内短线交易会遇到行情短时间急速拉升或下跌的情况，当遇到这种情况时，如果您持有的是有利头寸，您是怎么处理手中的单子的？而如果您持有的是不利头寸，又怎么处理手中的单子？

严圣德：有利头寸要看看是否还有空间，有空间继续持有盈利的头寸，否则就直接平仓，要是不利头寸则严格止损。

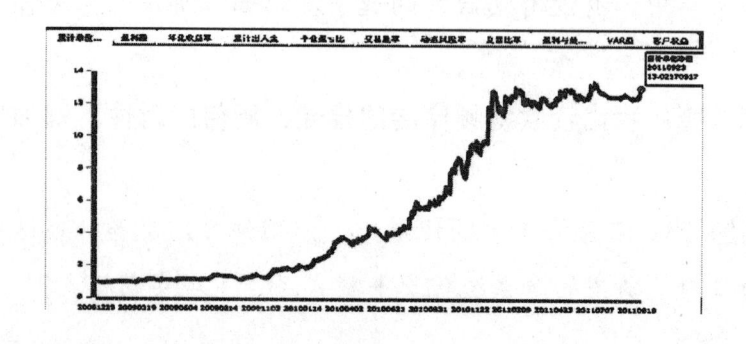

问题 27： 看您参赛两年的资金曲线，2011 年前都稳定向上，2011 年 8 个多月都是横盘，2011 年没有盈利是否受了影响 2010 年 11 月中旬以来手续费双边、保证金提高的影响？

严圣德： 是的，手续费双边、保证金提高，**提高了交易的成本，交易成本的提高影响到流动性，从而又大幅提高短线进出的成本，严重影响到短线交易者的交易。**

问题 28： 就目前的交易费用和波动节奏而言，还有哪些品种适合做日内短线交易？

严圣德：目前我日内主要做股指、糖和橡胶。

问题 29： 您除了做日内短线，也做波段和中长线，这三种周期的交易模式，您以哪一种为主？在交易理念方面，这三种模式您用的是相同的理念还是不同的理念？

严圣德： 因行情资金而定，**日内短线、波段和中长线目前都主要是以趋势交易为主，追涨杀跌、截断亏损、让利润奔跑。**

问题 30： 同一个账户，您会不会同时运用短线、波段和中长线，在仓位上是怎么分配的？

严圣德： 一般我按 10 倍杠杆来算，长线 1 倍，波段 3 倍，余下做日内交易（同一周期在按品种分配，资金配比主要以近来实际盈亏而定，持续盈利就慢慢放大，持续亏损就慢慢缩小），**单位资金盈利能力还是时间越长越强，时间产生价值，日内盈利能力主要靠复利发挥作用。**

问题 31： 当一个账户亏损达到多少比例时，您会考虑减少开仓头寸？当一个账户盈利达到多少比例时，您会考虑增加开仓头寸？

严圣德： 目前当一个账户亏损 10%～15%时我开始减少头寸，盈利 20%～30%时开始考虑增加头寸。

问题32：您做的品种比较多，流动性好、波动率大的品种都有参与，请问哪几个品种给您带来的收益比较多？您自己是否偏好某几个品种？

严圣德：收益比较高的品种是股指、橡胶、铜、锌、糖、PTA。没有主观的偏好，实际收益多的品种就多做。

问题33：在系统化交易中，止损也是非常重要的一环，您的止损方法主要是指标止损、形态止损、固定比例止损，还是固定金额止损，或是其他止损模式？

严圣德：目前一般我每单准备亏损总资金的0.25%以内，因资金大小、品种、行情和周期而有所调整。开仓前我会调整开仓数量，以便技术止损所亏的钱小于等于我所设定的每笔最大亏损。

问题34：就您对期货市场的理解和实际交易的经验来看，您觉得"长期稳定盈利"是一种奢望还是一种可能？

严圣德：我觉得是可能的，而且一些前辈也做到了。

问题35：就您来看，接下来的几年时间里，会不会出现程序化交易者被大量淘汰的现象？程序化交易者如何才能避免被淘汰？

严圣德：不管程序化还是主观交易都会有人不断地被淘汰掉，掌握优势，控制好风险我想就不太容易被淘汰掉了。

问："掌握优势"，此处的"优势"是指什么？

严圣德：是指有正期望值的策略，要比一般人更有信心和耐心执行策略，且能适应形势不断改进更新。

问题36：近三四年时间，我国期货市场程序化交易的规模、水平等发展较快，就您看来，期货程序化交易还有多大的发展空间？

严圣德：在我看来，国内程序化交易目前还处在初始阶段，还有非常大的发展空间。

问题 37：您在期货市场的下一个目标是怎样的？打算如何实现它？

严圣德：原来订的六年计划还在执行中，计划完成得还算顺利，暂时没考虑设定新的目标，我想计划顺利完成的话，就可以实现时间和财务的自由了，**下一步的目标可能开始追求心灵的自由！**

倪伟东：短线用直觉交易、中长线等信号

(2012年3月4日 沈良、章水亮整理)

倪伟东：上海人，红绿联盟论坛网名"东东锵"，蓝海密剑原参赛名"RXD集团军"，现参赛名"nwx"、"nzw"、"东东锵"。

17年期货交易经验，擅长中长线趋势交易，擅长较大资金的运作。

在第三届(2010～2011)蓝海密剑期货实盘大赛中以195.68%的收益率、566万的收益额荣获集团军第一名、中将军衔。

访谈精彩语录：

现在的波动相比以前要小很多，风险也就小很多。

现在的市场更容易赚钱。

在以前，庄家的手法比较恶劣，即不让投资者赚钱也不让投机者赚钱。

爆仓有过一次，但是这个爆仓爆的是赢来的钱。

在亏损的情况下比较容易冲动。

我做期货做到50岁以后可能就不会去做了。

期货在我生命里只是一个取款机的角色。

(1)最重要就是要守纪律；(2)要有耐心；(3)不要过于贪婪。

我个人认为大部分人亏钱的原因是由于手续费造成的。

同样是做激进的东西，还是做期货来得更容易一些(相对于股票)。

我个人的期货历程主要可分为小资金阶段和大资金阶段。

我的稳定是从《股票作手回忆录》、《克罗谈投资策略》和《投资心理规则》这三本书中学到的。

我的系统以前以短线为主，现在比较喜欢做中长线趋势，因为中长线的波动，心理更能承受一些。

我觉得每个盈利的人都是先做短线，然后往中长线靠拢的。

现在的通讯比较发达，在世界各地都可以做交易，只是想做和不想做的事情。

我是以技术面为主，基本面为辅的。

技术分析以形态分析和识别为主。

我做期货的时间比较长，一般的图形我都看得懂，背得出来。

"直觉交易"在做短线的人中用得比较多，"等信号"在做长线的人中用得比较多。

我不喜欢加仓，但减仓的可能性比较大。

我抗风险的能力比较强，一般的人是承受不起的。

不会让这只鸭子(盈利)飞掉，最起码要吃到 1/3 或者一半。

大多数人做期货都是喜欢自己去实践。

中粮在做的品种我会回避一下。

要克服心态和情绪的负面影响，有一个方法，就是少做一点儿单子。

我不相信有"包赚"的人，所谓的盈利只是一段时间以后盈大于亏而已。

我到现在为止只是盈大于亏，但是将来如何，我自己也不知道。

我现在做期货，做多比较多，做空比较少。

我有七八年的时间是连续盈利的，每年的收益率基本上是在 150%～200%之间。

我们上海人胆子是比较小，但是比较适合做期货。

"短期暴利"是有可能的，但是"长期复利"我觉得几乎是不可能的。

能用自己银行存款的利息来生活，这样才算是实现了财务自由。

按照这两年的情况来看，他(哥哥倪伟更)做得比较好，而且我估计他将来会超过我。

问题 1：倪伟东先生您好，感谢您在百忙之中接受期货中国网和东航金融的联合专访。您做期货 17 年了，从期货行情波动特征的角度来讲，您觉得现在的期货市场和十几年前的市场相比，主要有哪些不同？

倪伟东：我觉得以前波动比较大，现在的波动比较小。最主要是保证金的变化，以前做的时候是 5%，现在交易所基本上要收取

7%~9%，再加上经纪公司稍微加一点儿，有可能在11%~15%，所以说**现在的波动相比以前要小很多，风险也就小很多**。

问题2：您觉得现在的市场和5年前、10年前、15年前相比，是更容易赚钱了还是更难赚钱了？为什么？

倪伟东：**现在的市场更容易赚钱。在以前，庄家的手法比较恶劣，即不让投资者赚钱也不让投机者赚钱**。打个比方，我以前做过胶合板，当月价格能到60几元，隔月的话只有40元左右，这样的话，投机者只能做隔月，当月是需要交割的，投机者没有交割的份额，所以以前的庄家比较厉害。现在为什么能盈利呢？**因为现在的风险被交易所和经纪公司控制住了，所以现在盈利的比例要比当初多**。我估计以前100个人里面，盈利的人不超过2~3个，包括我自己也不是一个盈利的人，但现在从比赛这几年看下来，最后能盈利的人达到30%左右，那就说明现在的成活率或许有三成左右。

问题3：就您多年亲身接触来看，十几年前的市场主要参与者是哪些群体，大部分参与者的资金规模处在什么范围？现在的市场主要参与者是哪些群体，大部分参与者的资金规模处在什么范围？

倪伟东：我觉得现在的参与者和以前都是差不多的，都是以散户为主，基本上的资金规模都在30万以下，可以从现在的各种比赛上面得看出来。

问题4：17年来，您做期货有没有爆过仓？您所经历的最大一次亏损的情况是怎样的？从中吸取了哪些经验教训？

倪伟东：总体来说，**爆仓有过一次，但是这个爆仓爆的是赢来的钱**。比如最初投资5万，最后做到50万，平时取掉了10~20万，剩下的30万全部亏掉了，这样的情况下爆过一次仓，最主要还是由于仓位太重。当初爆仓最主要是风险控制问题造成的，因为交易所保证金收得低，加上自己一冲动，特别是**在亏损的情况下比较容易冲动，在情绪控制方面当时肯定存在着问题**。

问题 5：您是否会把期货当做一生的事业？会不会再干一个 17 年或两个 17 年？在您的生命中，期货充当了一个怎样的角色？

倪伟东：如果要把期货当做一生的事业，我觉得这不太可能。**我做期货做到 50 岁以后可能就不会去做了。期货在我生命里只是一个取款机的角色**。

问题 6：就您 17 年期货投资生涯的感悟而言，期货市场的个人投资者想要相对胜出，要具备哪些核心素质？

倪伟东：我个人认为，如果要持续盈利就要做到以下几点：(1)**最重要就是要守纪律**；(2)**要有耐心**；(3)**不要过于贪婪**。

问题 7：17 年来，您所接触的做期货的人肯定不少，这些人大概的盈亏比例是怎样的？您觉得亏损者亏钱的主要原因是市场原因还是个人原因？

倪伟东：这么长时间接触下来，在 2005 年以前由于风险比较大，造成了做期货亏钱的人比较多，基本上 100 个人里面最终成活下来只有两三个人。2005 年以后基本上 10 个人里面 7 个人亏钱 3 个人赚钱，这里最主要的原因就是风险开始被控制好了。现在由于期货而引发的官司也比以前少了很多，这就是风险控制得比较好的佐证。

我个人认为大部分人亏钱的原因是由于手续费造成的。现在的交易所和这么多经纪公司看起来比较庞大，而交易所又赚大头。从比赛结果来看，成活率是 30%左右，而其中 20%的亏损就是用于手续费，那么 20%的手续费用掉以后剩下的总资金（如果没有新鲜血液进来）也只能养活整个行业 5 年的时间。

问题8：您做了那么多年期货投资，期间肯定接触到股票、外汇等其他金融投资工具，但您现在好像没怎么参与股市或其他投资工具，为什么？

倪伟东：以前做过，但都做得不好，最主要是自己的性格造成的。**我以前的性格可能比较好动，在股市中忙来忙去，都被手续费给忙掉了**，因为股市的波动比期货市场要来得小，更容易磨损手续费。所以后来觉得，**同样是做激进的东西，还是做期货来得更容易一些**。

问题9：如果要您把自己17年期货投资生涯分几个阶段，您会怎么分？您自己在每一个阶段的特征是怎样的？

倪伟东：**我个人的期货历程主要可分为小资金阶段和大资金阶段**。以前做的时候资金比较小，在5~20万之间，大概持续了七八年的时间。之后就属于大资金阶段，我个人认为50万以上可以算作大资金，每年的回报率基本上都是差不多的。两个阶段所能积累的资金不一样，在小资金阶段，比如10万赚到了30万，如果生活开销花去20万之后剩下的资金没有变多，但在大资金阶段里，由于我的回报率是差不多的，50万能赚到150万，就算现在的开销比以前大一些，用掉50万，也能剩余100万，所以这样的情况之下，大资金的存活率要来得高一些。

问题10：做了这么多年的交易，您肯定形成了自己的交易风格和交易系统，您的交易风格或交易系统最大的特征是什么？

倪伟东：我觉得交易系统没有什么秘密可言，我基本上都是公开的，大家可以参考，重要的还是比耐心。我后面走向稳定，基本上也是从书上看来的，因为之前是做短线为主的。在这里我要向大家推荐三本书：《**股票作手回忆录**》、《**克罗谈投资策略**》和《**投资心**

理规则》。我的稳定是从这三本书中学到的。我的系统以前以短线为主，现在比较喜欢做中长线趋势，因为中长线的波动，心理更能承受一些。

问题11：您现在主要做中长线交易为主，以前有没有尝试过其他的交易模式？目前有没有兼做其他的交易模式？

倪伟东：**我觉得每个盈利的人都是先做短线，然后往中长线靠拢的**，因为随着年龄的增长，思维的敏捷性没有以前高了，也不想这么累。当然，也有可能在亏钱的时候还是去主动寻找一点儿短线交易机会。

问题12：在没有符合自己的行情机会的时候您会不会离开盘面休息一段时间？在大赚或大亏之后，会不会去休息一下？如果因为休息而错过一波行情，您会不会遗憾？

倪伟东：一般我是不会离开盘面的。**现在的通讯比较发达，在世界各地都可以做交易，只是想做和不想做的事情**。我也有不想做的时候，就是当一波大行情盈利了以后就想着去调整放松一下。由于系统设计的原因，亏损都是设定好的，所以我在一波行情下大亏的可能性不大。

问题13：您分析行情更多偏重基本面分析还是技术面分析，抑或是两者结合？基本面信息您主要关注哪些方面？技术分析主要是相关指标分析还是形态分析？

倪伟东：**我是以技术面为主，基本面为辅的。技术分析以形态分析和识别为主**。由于**我做期货的时间比较长，一般的图形我都看得懂、背得出来**。基本面上，我主要关注国际方面的事情，因为现在全球经济一体化了，国内的品种和国外的品种相关性比较强。对于国际经济、政治等方面的关注，我要根据具体是做什么品种来看。比如做原油的时候我比较关注打仗的事情，做农产品的时候比较关注天气的问题，各种情况都会有。

问题14：您如何具体判断一个品种有没有交易机会？应该做多还是做空？

倪伟东：一般我都是等一种信号。打个比方，我以50天均线为趋势信号的话，等它突破了以后（往上或往下突破）再做，**另外就是凭感觉**，也就是直觉交易。"直觉交易"在做短线的人中用得比较多，"等信号"在做中长线的人中用得比较多。

问题15：您的仓位如何设置？有没有逐步加仓或减仓的设计？

倪伟东：仓位我是不固定的，一般是50%～80%，**我不喜欢加仓，但减仓的可能性比较大**，因为盈利了以后会以"落袋为安"的心态逐步减仓。

问题16：中长线交易的交易次数会比较少，您一年大约做几次交易？中长线交易的止损设计一般会比较宽，您是如何设置止损的？如果行情不利，初始止损大不大？如果行情有利，如何移动止损位？

倪伟东：中长线交易的次数我是不固定的。我是长短结合，有机会的时候稍微多做一点儿，没机会的时候稍微少做一点儿甚至不做。止损的话，我基本上设得比较宽，**我抗风险的能力比较强，一般的人是承受不起的。行情不利的时候少做，有好的机会时就多做一点儿。**

初始止损是根据行情来看的，因为我基本上要等它走了一段以后才开始进场。打个比方，它是下跌趋势，先走了一段，后面我逐步进场。在盈利情况下的止损位，我个人的思路就是：**不会让这只鸭子飞掉，最起码要吃到1/3或者一半。**

问题 17：一般来说，中长线的交易模式能够容纳的资金比较多，您觉得自己的交易模式资金容量有多大？

倪伟东：**我觉得单品种持有资金在 200 万左右是比较理想的**，进出比较方便，如果是上千万的话，我觉得很容易被对手咬住，特别是小品种。有时候我比较喜欢做一些不是很成熟的品种。

问题 18：您在第三届(2010～2011)蓝海密剑期货实盘大赛中以 195.68% 的收益率、566 万的收益额荣获集团军第一名、中奖军衔。您的整个收益似乎都是在 2010 年的三个多月里赚的，2011 年资金曲线几乎是一条直线，您 2011 年交易较少的原因是为了保护利润还是由于行情不对路？

倪伟东：**最主要是为了保护利润**。还有因为比赛是有奖金可以拿的，盈利 500 万以上当时可以拿 20 万的奖金，所以为了保持能拿到 20 万的奖励，后面做得就比较少。后来也出金了，留了一两百万左右。

问题19：您有时会在论坛和朋友们讨论、分享投资机会，会不会担心一个操作机会知道的人多了、做的人多了，机会就变小了？

倪伟东：我是不担心的，因为**一个人连这点儿心胸都没有的话，做期货是很难做好的**。往往你和别人说什么，他不一定会相信你，**大多数人做期货都是喜欢自己去实践的**，这样他可能会觉得更有意思、更开心一点儿。

问题20：前段时间，您在论坛上分享了棉花和橡胶的交易机会，您自己做了没有，效果如何？

倪伟东：自己做了一点儿，小赢而已。年底起来的这波棉花行情，实际上起来的线路比我想象当中还要差一点儿，没有那么准确，所以后面我就平仓了。

问题21：除了棉花和橡胶，您一般还做哪些品种？您选择主要做那些品种是否有一定的偏好或一定的标准？

倪伟东：品种上我是没有偏好的。但是这么长时间做下来，**中粮在做的品种我会回避一下**，因为和它们作对，就好像跟国家在做对手盘一样，怎么胜出呢？包括上海的橡胶、铜等流通性比较好的和没有什么大的控盘的品种，都适合操作。

问题22：国债期货、原油期货、白银期货都可能在今年上市，您对这些品种有没有关注？是否准备参与？

倪伟东：现在还没有关注，因为不知道什么时候出来，但是**以后出来的话，肯定是要参与的**，最好是等它走稳了以后再参与。我在外盘原油期货上也尝试着参与了一些。

问题23：绝大多数交易者在具体交易中会或多或少受到自己心态和情绪变化的影响，您觉得交易者要怎么做才能克服或减少心态和情绪变化的负面影响？您目前还会不会受心态或情绪的影响？

倪伟东：我觉得这是很难克服的，我也会经常受到影响。如果克服的话，日子就会很好过了。**要克服心态和情绪的负面影响，有一个方法，就是少做一点儿单子。**这有可能会自然地调整一些。

问题 24：有朋友说您做期货几乎是"包赚的"，您对此怎么看？世界上是否存在"包赚"的交易模式？

倪伟东：我不相信有"包赚"的人，所谓的盈利只是一段时间以后盈大于亏而已。我到现在为止只是盈大于亏，但是将来如何，我自己也不知道。

问题 25：也有人说您做期货几乎都是做多的，很少做空，是不是这样的？为什么？

倪伟东：我现在做期货，做多比较多，做空比较少。因为在长时间做期货的情况下，我感觉涨的时候比较多，跌的时候比较少，跌的少但又跌得快，跌的时候很快就跌完了，之后就会进入长时间的上涨阶段。

问题 26：还有人说您已经连续好多年在期货市场保持盈利了，请问具体保持盈利多少年了？大约每年的收益率有多少？

倪伟东：我有七八年的时间是连续盈利的，每年的收益率基本上是在 150%～200%之间。

问题 27：外地有些朋友说上海人普遍胆子比较小，做期货不敢放手"搏"，您感觉有没有这种现象？您如何看待这种观点？您自己是否也是如此？

倪伟东：我认为他们讲的是有道理的。**我们上海人胆子是比较小，但是比较适合做期货，**因为最主要还是要照顾家里人，不想让家里人担心。做期货的风险比较大，亲戚朋友都认为做这种东西是不正常的，那么如果你想让他们幸福、想做得更久一点儿的话，我觉得小心一点儿是比较好的。

问题28：您是否会羡慕某些"期货明星"短时间内创造数倍甚至数十倍的收益率？您如何看待短期暴利和长期复利？

倪伟东：我是比较羡慕他们的，因为我做不到而佩服他们。**"短期暴利"是有可能的，但是"长期复利"我觉得几乎是不可能的**，因为赢了钱以后有时要贴家用，所以生活成本造成了"长期复利"是不太可能的事，这是我个人的观点。

问题29：您在期货市场也算是赚了一些钱，基本实现了财务自由，您现在如何看待金钱的作用？如何使用金钱？

倪伟东：你说的"财务自由"我是不认可的，因为我觉得如果要实现财务自由，就是要**能用自己银行存款的利息来生活，这样才算是实现了财务自由**。如果现在还在这样做，那样做的话，我觉得还没有实现财务自由。

我对金钱不是看得很重，我的开销比一般人要大一些。我个人是这样设定目标的：盈利的50%用于生活开销。

问题30：您是家里四兄弟中最小的，您有个哥哥也是做期货的，叫倪伟更，他主要是用波浪理论进行交易的，仓位比较重，做波段为主，您觉得他的方法有哪些优缺点？就投资方面而言您和他谁更厉害一些？

倪伟东：**按照这两年的情况来看，他做得比较好，而且我估计他将来会超过我**。因为我比较胆小，不是很猛，而他主要是做短期波段交易为主，在下单的时候仓位比较重。而且我觉得没行情的时候他也能赚钱，因为他是短线正反来回地做。

投资方面，我觉得他比我厉害。就好比在投资本金方面他是一只篮球，我是一只乒乓球。

我觉得他的方法没有什么欠缺的，因为他在期货刚入行的时候肯定做短线，比如在做了五六年，甚至七八年之后，感觉行情能在掌控之中了，才会在波段、长趋势上发展。我希望他能做得越来越好。

最后，非常感谢东航金融和期货中国网能给我这次机会和大家一起交流！谢谢！

林峰：
不输掉自己，不输掉勇气，更不能输掉信心

(2012年3月15日　沈良、李婷整理)

林峰：浙江人，现居深圳。开过公司，做过股票、期货、外盘。五六年期货交易经验，中长线交易为主，偶尔做短线，基本面分析

找大方向，技术分析找入市点。认为做期货要像"雪豹"一样，认为趋势固然重要、价格也很重要，认为做期货心态占成功要素的60%以上。

第三届(2010～2011)蓝海密剑期货实盘大赛第三季收益率第一名。

访谈精彩语录：

期货其实也就是一种生意，就是和传统行业的投资方式不同而已。

对于那次最大的亏损，我可能一辈子都不会忘记。

每一次的失败都有失败的原因。

我经常写操作日记，这样做有一个好处，是避免下次出现同样的情况时，犯同样的错误。

赚了钱千万不要飘飘然，亏了钱也不要垂头丧气。胜败乃兵家常事！

不要因为短时间内你赚了很多，就觉得这个市场被你征服了。永远要敬畏市场。

(期货市场)没有敌人，真正最大的敌人就是自己！

不管做长线交易还是短线交易，一定要顺着方向去做。

常用的技术分析主要还是价格形态。

一个品种如果之前领头涨，那么下跌趋势中，它也可能是领跌品种。

只有当所有的品种见顶或者见底，趋势反转的那一天就来了。

如果做投机肯定是外盘比内盘好做。

如果你心里的重要的价格被成功突破了，那就是加仓的最好时机。

(日内短线)风险和收益率的比例控制在 1:4 左右的概率才可以满仓。

一定要在入市之前设好止损位。

每个人都有一种梦想和人生的目标，我参加比赛就是想证实一下自己的能力。

毕竟做了这么久，每个人都会有自己的故事。

亏钱真的不怕，怕的是你输掉自己的自信，输掉自己进入市场的勇气，输掉自己对市场方向的信心。

一旦机会出现，我们下手要快，不要犹豫不决，敢于去承受失败，一定要学会止损，赢得起更输得起，这是一个成功期货交易者基本的成功潜质。

如果自己的能力还不够，心态也不会很好。

做期货的人都有梦想去创造奇迹。

一波行情上涨，不管到了哪一个阶段，如果趋势要反转，必须出现趋势放缓、趋势停顿，这是动力学的核心理论，也是最重要的一点。

跌不下去必涨，涨不上去必跌。

问题 1：林峰先生您好，感谢您在百忙之中接受期货中国网和东航金融的联合专访。您是如何接触到期货的？期货哪些方面的魅力吸引了您？您当时理解的期货和现在理解的期货是否有所不同？

林峰：这是一个偶然的机会。我有一个朋友之前在期货公司做过，我们偶尔聊起来的时候，他说还想重新进入这个行业。其实他自己也并不是很懂，只在期货公司待过两三个月的时间。他和我讲了一些基本的东西，我突然之间产生了好奇的心理，在这样的情况下认识了期货。

对于一般传统行业的投资者来说，存在很多琐事，需要关系、实力，还要懂得经营，会比较累。**对我而言，期货其实也就是一种生意，就是和传统行业的投资方式不同而已，我们应该以一种投资的眼光去判断未来的市场**。最能吸引我的是它可以双向交易以及杠杆比例。

我对期货的理解，随着时间的推移，从深层次的角度来说，有点儿变化。我当时是冲着期货的杠杆比例以及双向交易的投机性目的去做的，这几年下来，看过的、经历过的比较多，浮浮沉沉、赚赚亏亏，而**目前的心态不是把期货当成投机的性质来做了，更多的是一个投资的心态来操作**。

问题2：除了金融投资，您现在还在经营原来公司的业务吗？目前您的工作重心主要放在金融投资还是原公司业务的经营？为何如此安排？

林峰：以前是一半的精力在金融投资，一半的精力在公司，做期货的人前期都会有交学费的阶段，毕竟不能耽误商业的投资。曾经有一段时间想放弃传统行业。**现在80%的精力都放在金融投资上**，传统行业也需要，目前的想法就是用传统行业充实生活。

问题3：就您多年接触来看，对比现在期货圈的朋友和之前生意圈的朋友，最大的差别是什么？或者说成功的交易者和成功的生意人的差别是怎样的？

林峰：做期货的朋友思想和思路与做传统行业这些朋友有很大的区别。做传统行业的朋友，因为行业的原因，他们的性格开放一点。期货行业接触的朋友相对比较文雅。

成功的生意人不一定能在期货市场或者金融市场上成功，因为具备的素质不同。**成功的生意人擅于交际，他们具备的成功潜质与资本领域、金融领域包括期货市场成功投资者的思想肯定有质的区别**。在金融市场或者期货市场能够投资成功的，首先一点他非常有远见，而且懂得用长远的眼光去判断投资是否值得。但是在传统行业的投资，它的范围很大，只要有能看得到的利润就是生意，他们就是用这种观点去做任何一个投资，基本有80%以上是可以赚钱的。但投资市场就不一定，因为有市场波动和风险的存在，当然换来的利润和风险也是成正比的。总的来说最大的区别还是在投资的心态和角度的不同。

问题4：您除了做内盘期货，还做一些证券投资和外盘，请问在这三个方面您的精力和资金分配的比例大概是怎样的？您认为自己最擅长哪一类投资？

林峰：按比例来分，证券市场60%左右，期货市场占35%，极少资金做外盘。因为做外盘没有那么多的时间和精力。

问题5：做金融投资难免有亏有赚，很多人做期货都经历过较大的亏损，您是否记得自己最大的一次亏损？当时的情况是怎样的？您从中是否得到了一些经验教训？您有没有把失败总结记录下来的习惯？

林峰：**对于那次大的亏损，我可能一辈子都不会忘记**。在2008年金融危机，那时几乎接近爆仓的状态，亏损很大。

每一次的失败都有失败的原因，是方向错了？还是仓位大了？或者说你根本没有明确的作战计划？ 那次还是因为逆势而为，没有顺势操作。当时是46000多的铜，9月27~28号左右短线操作，持了仓，仓位比较少，一下来就跌停板，这种事情是刻骨铭心的。

我经常写操作日记，这样做有一个好处，避免下次出现同样的

情况时，犯同样的错误。做一些长期趋势单时，特别是一些不利于自己或者犯错的情况，都会记录。

问题6：您觉得投资者应该如何正确看待期货交易中的亏损？

林峰：对一个投资者而言，亏损是一件很正常的事情，做得再好也难免会有亏损的时候。针对初学者，**出现亏损是不怕的，怕的是亏损之后你还没有找到亏损的原因在哪里？这才是最可怕的。**

问题7：另外，投资者又应该如何正确看待期货交易中的盈利，特别是较短时间内的较大盈利？

林峰：无论是亏损还是盈利，我的观点是赚了钱千万不要飘飘然，亏了钱也不要垂头丧气。胜败乃兵家常事！比如正好有一个阶段底部被抓住了，刚好处于上升阶段的中期，适当的时候还可以盈利加仓，但时时刻刻要保持一种警惕的心，**不要因为短时间内你赚了很多，就觉得这个市场被你征服了。永远要敬畏市场，胜不骄败不馁，以一种平和的心态去面对每一次的盈利和亏损！**亏损的时候也不要失去信心。总之在交易市场中，不断总结失败教训是最重要的。

问题8：期货市场输家多赢家少，您觉得交易者在期货市场最大的敌人是行情，是交易高手，是套保商，是手续费，是突发事件，还是自己？

林峰：我觉得这个市场根本不存在敌人。如果一定要说有一个敌人，那么**真正最大的敌人就是自己，是自己的能力和心态。**

问题9：您做交易以中长线为主，短线为辅，您在什么时候会做点儿短线？做短线是因为中长线没有交易机会随手做几把，还是有一定的计划才做短线？

林峰：前几年我一直很迷茫，自己到底适合做长线还是短线，因为它是有杠杆的，存在着市场的变化。我现在总结一点，**不管做长线交易还是短线交易，一定要顺着方向去做。最安全的操作方法是顺着趋势的方向滚动操作！**如果趋势是上涨的，你做多单，哪怕暂时被套，也不需要惊慌。如果趋势上涨，你开了空单，可能你没有机会就出来了。一般短线适合相对震荡的行情，例如上窜下跳的行情。我指的短线是决不持仓过夜的那种，纯粹的短线、日内交易。如果持仓，无非是想博第二天的高开或者低开，但是一波行情下来，这种情况很少，一年200多个交易日，跳空赚一把隔夜仓，其实是很少的。如果长线交易，按趋势方向来操作。**有些投资者常常问自己是做长线好还是做短线好？找到适合自己的交易风格是最好的办法，或者采取复合式头寸交易**，这是最稳当的。或者可以分这样一个比例，60%做趋势单，40%做短线单，也可以7:3这样的比例。从心理层面上说，既可以抓住趋势也可以抓住波动比较小的日内交易单。

问题10：您用基本面分析确定大方向，用技术分析找入市点，请问您主要关注哪些类型的基本面？不同的品种，不同的时间，是否基本面的关注点也有所不同？

林峰：看整个世界经济，国家的宏观政策面。一般情况还是比较喜欢看货币发行量、宏观经济面、市场的供求关系和生产成本等等。

举例来说，当某一个产品的生产成本在10000元时，目前期货的市场价是13000左右，这种情况下，研究它的生产成本就没有意义了。因为市场上已经存在利润，也就是企业已经产生利润。应该研究货币发行量、通货膨胀率、国家政策、国际的情况以及走势等等。基本面对投资者而言是比较复杂的，大的方向能够把握住就可以了。**它还有一定的滞后性，一旦基本面很明确的时候，市场反而可能出现问题了。**

问题 11：您的技术分析属于哪一种类型？是指标类的分析，图形结构识别的分析，量价变化的分析，数理统计概率的分析，还是有所结合？

林峰：我喜欢综合分析。**常用的技术分析主要还是价格形态。**还有相关背离指标，如果在超买区之后出现背离指标，应该保持关注。**假如单看一些技术指标入市，不是很恰当。安全的做法等到几个指标同时发出了看涨信号或者看跌信号时，才入市！**对于量能的关系，在技术指标中，我的认可度还是很高的，特别是在成交量和持仓量中，我比较偏向于持仓量。理论上成交量的权重占 30%，价格形态占 50%，持仓量占 20%，我反而觉得持仓量比成交量重要。这可能是因为个人的偏好。如果技术分析成交量，像 OBV 这些指标还是可以的，成交量在某一些方面判断很有用。例如现在价格形态在市场前期的低点，如果这时成交量大幅减少，可能是一个见底的信号。趋势下跌，成交量往往会减少。**真正的涨和跌都是靠资金做出来的，持仓量就反应一个资金流入流出的问题**，所以持仓量完全可以体现资金的动态，从另外的角度来说就是体现投资者的行为。如果价格上涨，持仓量不断上涨，显然资金量在高的价位也愿意买入，说明可能还会继续涨。

问题 12：内盘您金属和橡胶做得比较多，为什么这两类品种做得较多？股指期货有没有参与？其他品种有没有关注和参与？当一个品种达到怎样的标准时，您会考虑去做它？

林峰：股指期货 2010 年 4 月份上市，当时有做过，但还是觉得商品期货顺手。橡胶和铜在中国的整个上市品种中占的权重比较大，我喜欢做一些比较大的品种。**对于一些资金量比较大的客户，我建议做大的品种比较好**。除非品种间的基本面出现了很大的分歧，否则市场都有一个共性。经济面好了之后，仔细发现所有的品种都是同涨同跌的现象。差别也只是有的涨得多，有的涨得少。我之所以非常关注价格，是因为**一个品种如果之前领头涨，那么下跌趋势中，它也可能是领跌品种了**。

只有当所有的品种见顶或者见底，趋势反转的那一天就来了。

问题13：今年，国债期货、原油期货、白银期货等都可能上市，对这些品种您是否关注？就您个人看来，这些品种会不会活跃？

林峰：国债期货属于金融期货，从国际市场以往的情况来看，它是属于后者居上的品种，交易量占第一。原油期货在中国的市场相对会比较严格，容易调控。白银期货是一个大众商品，属于贵金属一类，**如果从交易活跃的角度来说，国债期货应该受到的大资金的关注度会相对高一点儿**。

问题14：您也做一些外盘，请问您做外盘是以对冲内盘风险为主，还是投机为主？有人说外盘投机比内盘投机更好做，您怎么看？

林峰：如果做投机肯定是外盘比内盘好做。从时间和连续性的程度上来说，外盘肯定有利于内盘。单纯做日内短线的话，外盘做起来相对好一点儿。

外盘期货我做投机比较少，如果发生了一些突发事件，用来对冲。像2008年10月的国庆期间，如果有外盘操作，那就完全可以对冲掉风险。

问题15：您做内盘期货，一般的仓位设置在什么比例？有没有加仓和减仓的设置？您的加仓和减仓是遵循计划好的模式还是盘中分析决策？

林峰：首先我们先要明确是日内短线交易还是中期操作。**日内操作，如果觉得心里非常踏实，满仓也是可以的**。如果是一个波段，下单的时候入市点位是非常重要的，最好按照你止损点的远近来控制开仓比例，太多或太少都不好，太少就没必要来做期货了。短线日内交易要看投资者自己的风格，我建议第一把开进去尽量不要满仓，因为有时也会有突发情况，等盈利后再进行加仓。

我自己有加减仓的计划，**最好的加仓办法就是突破站稳之后加仓，而不是在模棱两可的情况下，凭自己的感觉加仓。如果你心里重要的价格成功突破了，那就是加仓的最好时机**。盈利减仓就是你觉得盈利很大，目前会出现以趋势相反的短暂回撤或者反弹时，我们可以采取适当减仓来兑现一部分盈利。等反弹结束，再把减掉的仓位重新补回来。

问题16：您会不会重仓交易？在怎样的条件下会重仓交易？您如何看待重仓的风险承担和利润可能？

林峰：会的。如果做日内短线，我比较喜欢重仓。前提是**风险和收益率的比例必须在1:4以上才可以满仓**。意思就是说，亏我顶多亏100个点，但是赚的空间可能会达到400个点或者更多，这样开满仓就值得了。如果对半的概率就没有意思开满仓了。

问题17：关于止损，您下单之前就设好了一线止损和二线止损，请问何为"一线止损"，何为"二线止损"？两者的区别是怎样的？

林峰：入市之前，首先要做的就是往最坏的结果去考虑去想，**一定要在入市之前设好止损**。如果是多单，下跌到什么位置我就要止损。一线止损和二线止损是适用于波段和趋势性操作的。有时候一线止损达到止损时，市场不一定就反转了，或者你现在做空，涨到某一价位之后，不一定就是一路上涨了，有可能是一种假突破或者是假的现象。如果真正触及到一线止损，最好的方法就是按照一线止损点平掉一部分，在现有的仓位中平掉35%左右。触及到二线止损就是最后一道防线，必须要平掉。

问题18：您在第三届蓝海密剑(2010~2011)期货实盘大赛第三季收益率第一名，您曾说过您参赛的目的是体现人生的价值，请问您具体想体现哪些方面的人生价值？

林峰：每个人都有一种梦想和人生的目标，我参加比赛就是想证实一下自己的能力。毕竟做了这么久，每个人都会有自己的故事，特别是做期货的大起大落，总有一些自己的经历。我无非就是想证实自己的实力到了一个什么样的程度。**这个行业能够带给你很多东西，同时自己也要给这个行业乃至整个市场带来有用的价值。**

问题19：除了参赛账户，您还有一些非参赛账户在交易，请问对参赛账户和非参赛账户您是否分别对待？在交易风格、仓位大小等方面是否一致？

林峰：我都是一样的。参赛账户和非参赛账户的操作风格是一样的，就是资金量开仓量的比例上会有区别。对于持仓量而言的话，参赛的账户无所谓，不参赛的账户资金量大，不可能重仓操作，**在仓位上会稍微有点儿区别，方向以及其他都是一样的。**

问题20：您曾用这句话——"刘备百战百输，但一战可定天下"来借喻期货交易，请您略做诠释？

林峰：其实这是告诉我自己的，在失败的时候为我自己打气的一句座右铭，并没有其他的意义。既然选择这行业，投资者就应该认识到这个行业的风险有多大,如果没有一定的承受能力和毅力,绝对不可能简单成功。**成功需要付出很多,哪怕失败99次都不重要,只要有信心,只要你还没有被这个市场踢出去,你就还有机会,可能只要一个机会,一把就能赚回你之前所有的亏损。**2009年行情上涨,一直到2010年的10月份,将近两年728天的时间,即便之前输得再多,抓一把行情就回来了。**亏钱真的不怕,怕的是你输掉自己的自信,输掉自己进入市场的勇气,输掉自己对市场方向的信心。**

问题21:您认为做期货要像"雪豹"一样,为什么这么说?交易者要具备"雪豹"的哪些品质和能力?

林峰:雪豹是生长在高原上的一种动物,它有极强的耐心和生存能力。**等到猎物一出现它表现的就是三个字:快、狠、准。**就像期货行情一样,一旦出现,不能犹豫,要快,一定要下手快;要狠,不要扭扭捏捏,下笔单子只有10%或者20%的仓位,如果你觉得符合了所有应该具备的东西,就应该仓位重一点儿;要准,看准了就下,看不准宁可休息。有时走势比较迷茫的时候,可以选择休息,一旦机会出现,我们下手要快,不要犹豫不决,敢于去承受失败,一定要学会止损,赢得起更输得起,这是一个成功期货交易者基本的成功潜质。

问题22:您认为做期货心态占成功要素的60%以上,看来您非常重视心态和情绪对交易的影响。请问投资者应该以怎样的心态和情绪参与交易?如何规避或减少心态和情绪的负面波动?

林峰:投资者心态的好与坏,完全取决于他实战中的经验,也是自身能力的一种体现。**如果自己的能力还不够,心态也不会很好。**

交易者很难规避心态和情绪带来的影响，每一个人都会有恐惧、贪婪的心理，最有效的办法就是做日内短线，有可能会回避掉这些风险。如果做趋势的话，有时候套10%、5%是很正常的，这个完全取决于自己的能力。

问题23：在深圳有不少期货交易高手，您对他们是否了解，是否有所接触？您会不会羡慕他们的成绩？是否希望自己也创造奇迹？

林峰：深圳有几个朋友都做得挺好，他们也没有参加比赛。我觉得也不用去羡慕，只要自己努力。而且这个行业与其他行业不同的一点是它需要"悟"，哪怕教也不一定教得会，只能靠自己不断地从失败中悟出一个道理。所以没有必要去羡慕成功者，反过来要产生动力，自己需要努力。

做期货的人都有梦想去创造奇迹。除非是业余的，如果真的喜欢这个行业，这是做期货的目标。

问题24：据说您在研究"动力学"，这是和期货交易相关的东西吗？请您简要谈谈您的"动力学"原理和功用？

林峰：从技术分析中的核心内容来说，其实像江恩理论，艾略特波浪理论，完全是一种动力学的体现。我目前还未做出优异的成绩，仍然处于探索中。这就是一个原理，例如**一波行情上涨，不管到了哪一个阶段，如果趋势要反转，必须出现趋势放缓、趋势停顿，这是动力学的核心理论，也是最重要的一点**。无论是研究K线形态还是价格形态，它就是一种理论的核心。简单地说，**跌不下去必涨，涨不上去必跌**。例如两天的上涨幅度3%，第三天出现了盘整，连续四五天没有跌破第一日上涨的低点，很显然，这是一个买卖的动力。如果投资者很仔细地去观察，从K线形态中就能发现这个原理。

陆海鹏：投资是面好镜子，可以照出人性

(2012年3月16日　沈良整理)

陆海鹏：网络昵称"蓝色海岸"。

期货交易高手，江苏张家港人，做过现货行业，7年期货交易经验，第三届(2010～2011)蓝海密剑期货实盘大赛年度总排行收益率第二名、年度远征军净值增长第一名、总排行第二季度收益率第二名、总排行第三季度收益率第三名，涉足期货内外盘交易。

趋势交易者，重势不重价，止损不止盈，中长线趋势交易，不抄底、不摸顶。

依据价值中枢投资，一进入期货市场就帮公司赚取上千万利润。2007年至今的5分盈利取出)模式，取得10多倍的收益。2010

年9月至2011年9月蓝海密剑比赛账户获得1248.28%的收益。

访谈精彩语录：

关于趋势，我认为"道氏理论"中的定义比较准确。

从我的交易系统来说，当行情确认突破长期以来的盘整区间，则认为是一波趋势行情的开始。

我主要做周线级别的趋势，同时关注日线级别的行情，按照日线走势决定入场点。

投资是面很好的镜子，可以照出人性。

财富的取得不仅仅依靠技术，还与投资者的性格、气度、格局、人生经历等有关。

他们的成功是他们做人的成功，是命运对他们的肯定。

有时候，个人的成就也要命运和市场的配合。

成就可以复制，可是心路历程不能重来。

我不太会处理震荡行情，所以当我连续两次犯错后，我会暂时远离市场。

市场有自己的生命，不同的时期有不同的波动，人只能适应市场。

现在我明白，应对不同行情的唯一有效的方法是止损和轻仓。

多头行情相对来说具有时间宽度长、幅度小而稳的特点。

空头行情相对来说具有时间跨度短、下跌速度快幅度大的特点。

对普通投资者来说，做多行情容易把握。

做空需要一击而中，做多需要长时间持仓。

只要是适合自己个人特点的、可以赚钱的，都是好的交易方法。

纪律是交易员的生命，不遵守纪律会让你随时遭遇灭顶之灾。

逆市交易是水平到了一定境界才可以应用的技术。

幸运不是每次都降临在一个人头上的，所以止损是做期货的前提。

人无完人，只要在交易就会有对错。

做期货是我的爱好，如果精力允许，我想一直从事下去。

我想强调一下，我取得的成绩，只是因为这段时间内我比较幸运。

期货市场虽然经常有暴富的神话，但是成功的人身上一定有他可以成功的及别人所不具有的品质。

我认为每年预期可以达到25%的复合年收益，就很满意了。

先要修炼好自己，自己没问题了，赚钱是早晚的事情。

控制好杠杠的情况下，外盘确实比内盘好做。

欧元不成气候，因为只有一个统一的央行，却没有一个统一的财政部，如何保证货币的信用不被各怀私心的十几个小国家拖垮？

欧元对美元目前还不具备一较长短的能力。

（团队三个核心操盘手）我们的交易周期互补，其中一位擅长套利操作，另外一位擅长波段操作，我是长周期的趋势操作。

期货资产管理在国内还是大有作为的。

问题1：陆海鹏先生您好，感谢您在百忙之中接受期货中国网和东航金融的联合专访。做交易的人几乎都在谈论"趋势"，可是对何为趋势却不甚了解。您是一位趋势交易者，请问您是怎么定义趋势的？盘面怎么表现时您认为是趋势行情？

陆海鹏：关于趋势，我认为"道氏理论"中的定义比较准确：

趋势分为两种，上升趋势和下降趋势。

上升趋势——上升趋势是由连续一系列的涨势构成，每一段涨势都持续向上穿越先前的高点，中间夹杂的下降走势（换言之，跌势）都不会向下跌破前一波跌势的低点。总之，**上升趋势是由高点**

与低点或不断垫高的一系列价格走势构成的。

下降趋势——下降趋势是由连续一系列的跌势构成,每一段跌势都持续向下穿越先前的低点,中间夹杂的反弹走势(换言之,涨势)都不会向上穿越前一波涨势的高点。总之,**下降趋势是由低点与高点都不断下滑的一系列价格走势所构成的。**

从我的交易系统来说,当行情确认突破长期以来的盘整区间,则认为是一波趋势行情的开始。

问题2:在具体的交易中,您怎么捕捉趋势?

陆海鹏:结合技术面和基本面,设定自己的交易品种,参照交易区间,突破后顺势介入。

问题3:您主要做哪个时间级别的趋势?更小级别的趋势行情是否关注,会不会参与?

陆海鹏:我主要做周线级别的趋势,同时关注日线级别的行情,按照日线走势决定入场点。

问题4:同样是做趋势,有人做不好,而有人在2010年专注做棉花一个品种获得上亿甚至数十亿的利润,您如何看待这种现象?

陆海鹏:投资是面很好的镜子,可以照出人性。

财富的取得不仅仅依靠技术,还与投资者的性格、气度、格局、人生经历等有关。

问题5:您觉得对他们来说获得暴利是一种偶然还是必然?

陆海鹏:我觉得长周期来说,取得巨大盈利,并且可以守住胜利果实的人肯定有他交易之外胜人一筹的地方。所以**他们的成功是他们做人的成功,是命运对他们的肯定。**

我个人感觉是一种必然,只是时间早晚而已。

问题6:他们的暴利,别人能否复制?他们自己以后能否复制?

陆海鹏：每个人都有自己的特点。可能未来也有人一年赚数亿或者数十亿，但是成功的道路肯定各有各的精彩。

有时候，个人的成就也要命运和市场的配合，所以我觉得成就可以复制，可是心路历程不能重来。

问题 7：行情有趋势也有震荡，而且震荡行情延续的时间比趋势还长，您如何处理震荡行情？能否规避或减少震荡行情中的洗盘损失？

陆海鹏：**我不太会处理震荡行情，所以当我连续两次犯错后，我会暂时远离市场。**

我通过观察市场区间、等待明显的信号再入场这样的方法减少震荡行情的损失。

问题 8：有些趋势行情一步三回头，很不顺畅，有些趋势行情的末端紧接着 V 形反转(或反弹)，您如何应对这些行情？有没有"受过伤"？

陆海鹏：**市场有自己的生命，不同的时期有不同的波动，人只能适应市场。** 这些是在我犯过很多错误后才明白的。**现在我明白，应对不同行情的唯一有效的方法是止损和轻仓。**

问题 9：有朋友说您擅长做空，不擅长做多，有没有这回事？近几年来，您做期货的利润主要来源于做多还是做空？

陆海鹏：做多和做空其实需要根据当前的情况而变。最近几年，特别是 2007 年后，我对全球经济的看法相对谨慎，所以我主要是做空为主。**从实际结果来看，这两年我的主要利润确实来自做空。**

问题 10：据您的观察和实操，多头行情和空头行情演变特征有什么差别？哪一种行情好做，哪一种行情难做？

陆海鹏：**多头行情相对来说具有时间宽度长、幅度小而稳的特**

点。空头行情相对来说具有时间跨度短、下跌速度快幅度大的特点。

对普通投资者来说，做多行情容易把握，入场机会多，低位建仓的话，需要的保证金不多，相对盈利率也高。

而做空需要等待时机出现，而且行情走势快而迅猛，加仓时机不多。

问题11：做多和做空是否需要不同的交易手法？

陆海鹏：借用一位行内高手的语录："做空需要魄力，做多需要耐心。"应用到交易上就是：**做空需要一击而中，做多需要长时间持仓**。

问题12：您曾说过，在内盘上，大部分的钱都是从金属特别是铜上赚来的，为什么铜比较适合您？其他还有没有适合您的品种？

陆海鹏：因为我开始的职业就是做电解铜销售的，所以对铜的上下产业链相对了解。**我是做基本面的，所以做自己熟悉的品种才会有盈利的把握**。以后随着对其他品种的学习和了解，我会再考虑做其他品种的。

问题13：您做交易，一般来说品种比较集中，但分散投资似乎也是一种比较好的模式，您如何看待"集中投资"和"分散投资"各自的好坏？

陆海鹏：各人有各人的交易风格。因为我是做基本面的，只做自己熟悉的品种，所以我的品种很集中。其他的投资者可能不是我这种风格，所以品种比较宽广。**我觉得只要是适合自己个人特点的、可以赚钱的，都是好的交易方法**。

问题14：您做交易，在仓位大小和止盈止损方面都有明确的纪律，请问您如何看待纪律在交易中的重要性？

陆海鹏：我觉得，**纪律是交易员的生命，不遵守纪律会让你随时遭遇灭顶之灾。**

人生是条很长的路，需要不停地学习和提高，**我还需要磨炼自己的交易素质，争取早日成为一个合格的投资者。**

问题15：您的交易不抄底也不摸顶，但市场上常有一些专家或高手在传授各种抄底、摸顶的方法，似乎投资者也比较欢迎，对此您这么看？

陆海鹏：对很多投资者来说，抄底或者摸顶意味着在最低点买入或者最高点卖出。其实这里也是顺势交易和逆势交易的区别。

相对普通投资者来说，逆势交易虽然有巨大的盈利前景，但是也需要高超的技术和果断的止损风格，稍有不慎，就有可能遭遇到大的损失。**逆市交易是水平到了一定境界才可以应用的技术**。所以一开始还是顺势交易比较好。

问题16：您认为"每个人成功都有自己不同的地方，但是失败都是一个地方，就是不止损"。请问，不止损的具体危害是什么？有些时候恰恰是因为不止损，行情回来了，减少了损失，对这种情况您如何看？

陆海鹏：对投资者来说生存是第一原则。

因为，无论你过去或曾经有过多少个100%的优秀业绩，现在只要损失一个100%，你就一无所有了。**而幸运不是每次都降临在一个人头上的，所以止损是做期货的前提。**

问题17：一笔交易的出场，一般来说，要么是止盈要么是止损，您如何看待止盈和止损的差别？

陆海鹏：人无完人，只要在交易就会有对错。

止盈是为了做对的时候让利润最大化，止损是为了让你错了以后还有重来的机会。

问题18：您认为"做期货不是看赚多少，是看活多久"。您觉得一个投资者在期货市场存活多久以后才算是站稳了脚跟？您自己打算在这个市场待多久？

陆海鹏：我觉得找到适合自己的交易方法，可以控制资金的回撤幅度在自己接受的范围内的，就算可以站稳脚跟了。

至于取得多少成就，赚多少钱，那就要看市场有没有适合你交易特点的行情。守住本金，懂得等待机会，我想市场早晚会给你回报的。

做期货是我的爱好，如果精力允许，我想一直从事下去。和赚多少钱无关，只是因为喜欢。

问题19：任何做交易的人，都难免会有情绪的波动，都难免被自己的情绪和心态影响，您如何规避或减少情绪和心态对交易的负面影响？

陆海鹏：我个人的应对策略有两个：一个是减少交易次数，放大交易周期；另一个是连续两次交易止损后，离开市场一段时间，觉得自己心态调整到位了，再入场交易。

问题20：您在第三届蓝海密剑(2010～2011)期货实盘大赛中，以1248.28%的年收益，获得年度总收益率第二名、年度远征军净值增长第一名，在这一年的时间里，您主要抓住了哪些行情？您参赛账户的交易风格和普通账户的交易风格有哪些不同？

陆海鹏：主要抓住了两波行情，一波是棉花的下跌，一波是白银的下跌。

我想强调一下，我取得的成绩，只是因为这段时间内我比较幸运，市场正好给予我这样的行情，其实市场上很多人的水平都比我高，只是这段时间内行情不适合他们的交易系统特征而已。

期货市场虽然经常有暴富的神话，但是成功的人身上一定有他可以成功的及别人所不具有的品质。作为一名投资者来说，不用去关心别人取得怎样的成绩，只要多花精力提高自己的交易水平，提高自己的个人修养，成功也早晚会来到你的身边。

参加比赛后，我发现，相对平时的交易，比赛的账户可能仓位要比平时重一点儿，平时我的开仓仓位从来不会超过四成，比赛中心态的波动偶尔还会受到名次的影响，反映到资金曲线上面就是回撤幅度过大，增长不稳定，感觉自己还需要多磨炼。

问题21：比赛成绩毕竟是在比赛中产生的，您这几年来普通账户的平均收益情况如何？您对自己年收益的预期大概是多少？

陆海鹏：我的普通账户5年下来复合年收益40%左右，可能一直还算顺利。**我认为每年预期可以达到25%的复合年收益，就很满意了。**

问题22：有人认为利润是市场给的，也有人认为利润要靠自己博取，您怎么看？

陆海鹏：**我认为先要修炼好自己，自己没问题了，赚钱是早晚的事情。**至于赚多赚少，那就是市场赋予的了。

问题23：外盘的杠杆比内盘高一些，行情更连续一些，从2011年的表现来看，似乎外盘比内盘更好做一些，您是否有这种感觉？

陆海鹏：是的，我很同意您的观点。**控制好杠杆的情况下，外盘确实比内盘好做。**外盘的行情受资金操控的可能性小，相对比较贴合基本面，也比较契合指标分析。

问题24：您如何看待欧债危机？如何看待欧元和美元的博弈？

陆海鹏：欧元不成气候，因为只有一个统一的央行，却没有一个统一的财政部，如何保证货币的信用不被各怀私心的十几个小国家拖垮？全民高福利和高税收造成经济乏力，然而人口老化，移民政策的封闭又使得问题无法解决，因此进一步地体制改革和生活习惯改变是必须的，在此前，我不认为欧债有解决的可能。所以**欧元对美元目前还不具备一较长短的能力**。

问题 25：2011 年，以前的一些"高手"在内盘期货上赚不到钱了甚至亏钱了，您觉得这是市场"优胜劣汰"的必然，还是"高手"偶尔不做好的偶然？

陆海鹏：**好的操盘手需要放在一个长周期里面才可以确认**。所以一时的成败不能用做衡量和评价一个人的水平高低。稳定和长久，还是更加容易获得市场的认可。

问题 26：常有人说这段时间的行情很好做，或那段时间的行情很难做，如果行情可以分为好做的行情和难做的行情，对您而言，怎样的行情算是好做的？怎样的行情算是难做的？

陆海鹏：**某段时期的行情总是特别符合某个特定的交易体系**。在那个情况下，符合的系统，总觉得行情特别容易掌握，特别容易取得大的盈利。而不符合的体系，觉得行情让人无从下手，因此当你遇到感觉不好做的行情的时候，一定要懂得休息。

问题 27：前段时间，您和另外两位合伙人组建了一个核心团队，一起运作基金和资产管理，您们三个人的交易风格是否互补？另外两个人的特点是怎样的？

陆海鹏：我们的交易周期互补，其中一位擅长套利操作，另外一位擅长波段操作，我是长周期的趋势操作。

问题 28：在这个三个人的核心团队中，具体是怎么分工的？具体怎么操作？比如一笔资金是一个人独自做，还是分成三份儿各自单独做，或是三个人同时一起操作，或是三个人先后操作？

陆海鹏： 以初始资金2000万为例。

第一阶段，全部进行套利操作，因为这样资金增长比较稳定，回撤较小，积累起10%的盈利（200万）后，进入下一阶段。

第二阶段，1000万继续进行套利操作，1000万分别交给波段和长线操作，各500万。按照资金止损，即最大回撤为20%（100万），到达止损线后则停止操作，这样可以在确保本金安全的前提下，通过适度的投机操作，使得盈利最大化。

问题29： 最后请您谈谈期货资产管理在中国的发展空间？

陆海鹏： 资产管理的客户可以分为个人客户和机构客户。个人客户其目的在于希望获得更好的投资方案设计、投资管理和服务。机构客户通常有比较复杂的投资目标和投资收益要求，资金规模也较大。同时，这些机构的投资行为也受到一定法律和机构内部制度的约束，在制定投资方案和进行投资运作中需要很高的专业能力，因此需要由专业的投资管理公司来运作。目前从国内的主要投资渠道来说，房产、股票、黄金等主流渠道基本都是周期性的，而期货既可以做多又可以做空，在经济收缩阶段可以很好地防范资产缩水，期货及相关衍生品的专业资产管理公司在国内还不普及，所以**个人感觉期货资产管理在国内还是大有作为的**。

吴耿云：期货交易是一门概率学应用学科

(2012年3月28日　沈良整理)

吴耿云：网络昵称"海天一号"。福建泉州人，现居福州，海天一号期货投资基金管理人，以量化投资理念进行期货交易。

第三届(2010～2011)蓝海密剑期货实盘大赛年度空军第一名、中校军衔，收益率114.71%。

访谈精彩语录：

居安思危、做好风险控制永远是期货市场中生存下去的最基础的原则。

我发现期货交易是一门概率学的应用学科。

一个人用海龟交易法则去进行实盘交易，如果做一段时间能盈利的话，那么这个人就可能是适合做期货的。

我认为没有什么事情是绝对的。

以机械化交易为基础，加上部分的主观分析和判断来进行辅助交易。

遵守规则，不要抱有侥幸心理。

单个策略的稳定性比较差，但是多策略一般不会增强一个账户的盈利能力。

交易周期更多的是30分钟和1小时，实际上包括15分钟、3小时和日K线都用。

工业品震荡机会更多，盈利能力较强，而农产品相对工业品有良好的风险对冲作用。

(对国债期货、白银期货、原油期货)有较强的期待。

账户仓位一般控制在最大不超过60%资金利用率。

日常运作中，会选择逐步加仓减仓的方式，这样有利于风险的控制。

一般比较少针对单笔单子设置止损，而是综合考虑整个账户盈亏情况设置止损额度。

长期实践发现，相对有效的策略都是比较简单的策略，过于精细化的策略更容易失效而导致额外的风险。

做期货肯定就是以盈利为最终目标的，但是过程也很重要。

我个人认为3∶1是盈利风险水平比较合理的状态。

衡量期货交易水平的两个核心就是盈利水平和风险控制水平，这两点都可以通过个人的资金曲线来看出来。

我觉得年盈利150%以上可以算暴利。

有多大能力就去追求多大的盈利，所谓"天予不取，必受其咎"。

团队化运作将是期货资产管理的主流模式。

问题1：吴耿云先生您好，感谢您在百忙之中接受期货中国网和东航金融的联合专访。您管理的期货投资基金叫"海天一号"，您在参赛中也使用"海天一号"的昵称，这听起来是一个十分高远、开阔的名字，为什么取"海天一号"这个名字？对您和操盘团队来说，它有哪些方面的含义？

吴耿云：之所以取名"海天一号"主要是源于期货市场的变幻无常的行情和与之对应的风险，提醒我们当海天之间是风平浪静的时候要注意狂风暴雨的来临，当面临大浪涛天的时候坚信只要能坚持过去就是晴空万里——**居安思危、做好风险控制永远是期货市场中生存下去的最基础的原则。**

"一号"则只是说明我是团队中的一分子，我们团队中还有很多优秀的在操盘成绩、策略运用、风险控制等方面都做得很好的操盘人才，我们共同学习、相互促进、各展所长，共同做好期货事业。

问题2：您硕士毕业于福州大学材料学院，毕业后的工作做的是研发工程师，看上去好像都和期货没什么关系，您是怎么接触到期货的？为什么后来选择了期货投资？

吴耿云：接触期货是源于大学两个同学辞职出来专职做期货，他们经过一段时间艰辛的探索，找到了程序化交易的道路。那段时间我和他们住在一起，也帮他们做一些数据统计分析的工作，在这过程中**我发现期货交易是一门概率学的应用学科**，很适合我个人工科培养出来的理性思维，一年以后就辞职加入这个团队中。

问题3：对您来说，期货最大的魅力是什么？就您的理解而言，做期货最大的风险是什么？

吴耿云：期货最大的魅力在于可以做多和做空的机制让交易者只要判断准了就可以获得盈利，完全靠个人能力去获得收益，前提是做好风险控制。

做期货最大的风险来源于未来的不可预知性及对资金风险控制的不果断、不及时。对于机械化交易者来说，最大风险则是期货品种特性的巨大变化可能导致交易系统或策略的彻底失效。

问题4：您觉得期货适合普通人做吗？哪些类型的人、具备什么素质的人适合做期货？

吴耿云：总有身边的朋友问他们能否做期货，我一般的回答是不建议他们去做，不是他们一定做不好，而是这行业的淘汰率太高，**就算是同样一套交易系统或策略，交给不同性格的人做出来的结果也可能是完全不一样的**，就算他们能做好，也肯定是付出了巨大的代价以后才慢慢走向稳定盈利，但未来的巨大的不可预知性，也没办法让他们的稳定盈利能坚持多久。

从我的角度来说，**一个人用海龟交易法则去进行实盘交易，如果做一段时间能盈利的话，那么这个人就可能是适合做期货的**。具体来说，心理素质好、韧性强、智商高、有理性思维、概率学得好的工科毕业生，有一定经济能力，不会因为做期货亏了钱就导致生活困难的人，相对更适合做期货。**实际上，期货适合团队化运作，个人时间、能力和精力都是有限的，团队的配合确保了成功的可能性。**

问题5：您现在以量化投资理念进行期货交易，以机械化交易为执行手段，请问您在交易中是否完全按照程序化信号交易(不采用任何主观分析、判断)，为什么？

吴耿云：我个人更崇尚"中庸之道"，也就是说，**我认为没有什么事情是绝对的**，所以团队中我个人的风格是在做好风险控制的基础上，**以机械化交易为基础，加上部分的主观分析和判断来进行辅助交易**，目的是更好地控制交易中产生的风险。

问题6：您做期货一开始就走上了量化投资的模式，还是曾走过其他的路线？您选择量化投资模式的核心原因是什么？

吴耿云：是一开始就进行量化投资。之所以选择量化投资，一方面是交易起来更轻松，另一方面是能较大程度上克服交易过程中资金巨大波动而导致的恐惧或者狂喜的心理影响，确保决策的理性。

问题7：从您开始做期货到现在，您自己亲身经历的最大一次亏损是否还记得？您从中得出了哪些经验教训？

吴耿云：个人所经历的最大一次亏损，就是参加"蓝海密剑"第四届期货实盘大赛，2011年10月28日以来的回吐，净值从最高1.54下降到最低0.74，由于是参赛账户，自由度高，没有及时止损，违反了团队的风险控制规则。至于教训，每个期货人都知道：**遵守规则，不要抱有侥幸心理**。

问题8：您的量化投资由多个系统、多个策略组成，这些策略分为哪几类？各自的特点是怎样的？

吴耿云：策略主要分为趋势追踪策略和风险控制策略，每种策略都有不同理念的系统参与，并且根据实际行情进行适当调整。

问题9：在单个账户的运作中，您会不会同时采用多个策略？用多个策略能否增强一个账户的稳定性？能否增强一个账户的盈利能力？

吴耿云：单个账户中肯定要同时采用多个策略的，**单个策略的稳定性比较差，但是多策略一般不会增强一个账户的盈利能力**，甚至大多数时候是下降的，因为有的策略的未来盈利预期是比较低的，选用它主要是为了对冲作用，以控制账户的回调风险。

问题 10：一般来说，量化投资的模式是不用关注基本面信息的，您是否也是如此？

吴耿云：**基本上不是特别关注基本面信息**，但每天都会花时间看看财经新闻，思考一下大经济环境对整个期货市场的影响。比如说流动性，或者是行情的稳定性，或者是波动的特征，或者是品种的特性是否会发生变化，以适当调整量化投资的主策略。

问题 11：您主要做哪个交易周期？其他的交易周期有没有配合使用？您是否认同多个交易周期混合使用的方式？

吴耿云：**交易周期更多的是 30 分钟和 1 小时，实际上包括 15 分钟、3 小时和日 K 线都用**，以分散不同交易周期行情变动带来的风险。这里面要适当分配其比重，发挥不同周期的特点优势。比如说 15 分钟反应比较快，1 小时行情比较稳定，而日 K 线可以过滤较多杂波。

问题 12：设计量化投资策略时，您主要依托于"指标"、"图形识别"、"数理统计"中的哪一种？或是其中两者或三者的结合？请您举例简要介绍？

吴耿云：三种都有结合来使用。由于是量化投资，指标和数理统计比较容易用编程的方式去实现，而图形识别则更适合用于行情判断。

问题 13：您主要做工业品，为什么选择工业品？农产品有没有关注？股指期货有没有关注？

吴耿云：实际上是工业品和农产品都有做，**工业品震荡机会更多，盈利能力较强，而农产品相对工业品有良好的风险对冲作用**。股指期货也有部分在做，但因其历史比较短，品种特性还不是很稳定，还在测试验证中。

问题14：今年，国债期货、原油期货、白银期货可能都要上市，请问您对这些品种是否期待？您有没有计划配置这些品种？

吴耿云：**有较强的期待**。主要是期望这些品种能发展为交易活跃、参与度高的明星品种，这样的品种机会比较多，如果通过数据统计分析这些品种适合我的交易策略，或者针对这些新的品种开发对应的策略，那么肯定会配置这些品种。

问题15：一个账户的仓位您是如何设置的？您更倾向于一次性进场一次性出场的方式，还是逐步加仓减仓的方式？为什么？

吴耿云：账户仓位一般控制在最大不超过60%资金利用率，主要是根据品种和组合的风险控制要求来设计的，而**日常运作中，会选择逐步加仓减仓的方式**，这样有利于风险的控制。

问题16：每一笔单子的止损您一般控制在总资金的多少比例？您的系统有没有主动止盈的设置？

吴耿云：一般比较少针对单笔单子设置止损，而是综合考虑整个账户盈亏情况设置止损额度；止盈则是根据策略的表现综合判断行情发展阶段，选择时机进行适当止盈，以控制回调风险。

问题17：您的量化投资模式是否编成了程序？您用哪个平台编辑和运行程序？

吴耿云：我们的投资策略基本上都编成了程序，主要用TB软件进行自动化交易，其他的文华和高手两个期货软件也挺好用。

问题18：在程序化交易者群体中，有些人采用了全自动的交易方式，有些人采用半自动的交易方式，您觉得哪一种方式更好？为什么？

吴耿云：两种方式都有其优点，没有更好的，关键是适合自己的操盘模式和习惯，如果人工干预的策略较多，更适合半自动的交易方式。

问题 19：您追求的是"大道至简的投资模式"，请问何为"大道至简的投资模式"？

吴耿云：这是一个矛盾的平衡。行情变幻莫测，需要各种各样的应对方式以降低风险，然而**长期实践发现，相对有效的策略都是比较简单的策略，过于精细化的策略更容易失效而导致额外的风险。**

问题 20：您认为"投资期货不能太贪，该盈利的盈利，该亏损的亏损"，请问哪些盈利是该盈利的？哪些亏损是该亏损的？

吴耿云：我是以中线投资为主，那么大波的行情就是该盈利的，期货交易又是一种概率事件，在抓住大波行情之前，肯定要经历较多的震荡，要进行试单，这过程总会有较多的试错过程，这过程所导致的亏损，及在行情变盘风险比较大的情况下为控制风险而进行反向单操作所造成的亏损就是该亏损的。

问题 21：您有没有遇到过"该盈利的没赚到，不该亏的又亏掉了"这种情况？如何杜绝或减少这种情况的发生？

吴耿云：有。这种情况在主观性下单的时候比较经常看到，就是自己制定了一种规则，按规则交易应该进行及时的操作，结果心里又凭一定的盘感去判断行情，抱有一定的侥幸心态，于是没有进行及时的交易，总想等等看行情发展再进行操作，结果一下子行情拉开，交易的最好时机已经过去，导致这种情况的发生。**要减少这**

种情况，就是交易时要坚决，尽量一确定规则就少去思考，先下单子再进行复盘性思考，最好的解决办法就是全部实现程序化交易。

问题 22：有些人做期货更关注最终的结果，能够盈利就好；有些人做期货更关注中间的过程，必须保持账户的稳健性。请问您更关注结果还是过程？为什么？

吴耿云：两个都关注。因为**做期货肯定就是以盈利为最终目标的，但是过程也很重要**，因为如果过程中账户盈利是大起大落，那么说明风险控制没做好，而风险控制没做好的话，资金在未来将承受很大的风险。并不是每个人都能做到大亏以后又能及时以大盈利回补回来的，而更难做到的是每次大亏后都能回来，哪次大亏后回不来了，那么就彻底没机会了。这就需要在二者之间找一个平衡点，合理的盈利目标与合理的风险水平，**我个人认为 3∶1 是盈利风险水平比较合理的状态。**

问题 23：有人说"资金曲线是一个交易者的生命线"、"资金曲线可以体现一个人的品性和能力"，请问您是否认同这类观点？您如何看待资金曲线？

吴耿云：衡量期货交易水平的两个核心就是盈利水平和风险控制水平，这两点都可以通过个人的资金曲线来看出来，所以"资金曲线是一个交易者的生命线"、"资金曲线可以体现一个人的品性和能力"的观点是很有道理的。**对于个人交易者来说，认真研究自己的资金曲线，从中找出个人交易方面的问题加以改进**，也就是让自己的资金曲线变得更好看，是一种有效提升个人交易控制能力的办法。

问题 24：您预期的年化投资收益是多少？为了达到这个年化收益，您愿意承担多大的回撤？

吴耿云：目前我个人觉得这个年化收益是个虚拟的指标，特别对于个人投资者来说，没太多实际参考价值。每年行情都不一样，做得好不好差异十分巨大，而个人，甚至机构投资者都没办法做到稳定收益。我只能说每年我的个人目标是盈利75%，然后每年允许的最大回撤是25%，也就是3∶1的水平。当然，2012年是实现不了了，回撤已经达到80%了。教训在前，希望接下来的时间里面能做到这一点。

问题25：您觉得当收益达到多少或持续盈利多久，可以被称为"暴利"？您是否期待暴利降临到您身上？

吴耿云：期货和其他行业不一样，风险敞口比较大，盈利能力也相对高一点。**我觉得年盈利150%以上可以算暴利**，但我不是期待暴利降临到我身上，而是希望通过个人的努力去获取超过150%的盈利，**有多大能力就去追求多大的盈利，所谓"天予不取，必受其咎"**。虽有点儿唯心主义，但我个人的理解是有多大能力（有多大的行情）就赚多少的钱吧，时机一过，将来时机不对的时候再想硬去追求这样一个暴利，可能会导致栽一个更大的跟头。

问题26：您做交易不是单打独斗，而是一个团队在运作，请问您们整个团队共有多少人？是怎么分工协作的？

吴耿云：想起那句话"你不是一个人在战斗"，是的，**我有幸在这样一个团队中战斗**。我们团队刚开始四五个人，这几年来也一直在发展壮大，每个人有主要负责方向，有负责交易系统开发，风险控制策略开发，数据测试、统计，交易执行等，当然，很多事情是相互配合来做的。

问题27：您觉得一个期货投资团队的核心竞争力是什么？

吴耿云：**作为期货投资团队，我觉得其核心竞争力来源于团队**

成员间拥有共同的目标并且能够相互信任、无私奉献。共同目标是团队聚焦在一起的前提，相互信任和无私奉献才能确保团队能力发挥的最大化而不会有太多的内耗。另外说一点，团队合作的机制也很重要，这来源于团队领导者能否创建这么一个机制让所有人都能充分发挥其特长。

问题28：在期货资产管理空前发展的境遇下，您如何定位团队？如何设定团队的发展目标？

吴耿云：**团队化运作将是期货资产管理的主流模式**。因为任何一个人的时间、精力和能力都是有限的，将来的团队将是数学专家、程序化专家和拥有理科思维、高学历、高智商人才组合的专业投资团队，对冲型期货基金团队将迅猛发展。

我们团队的发展更多定位于机构型投资者，期待管理较大的阳光化基金，并寻找机会走出国门，参与国际化金融投机竞争。

丁洪波：把握趋势时，领悟时间非常重要

(2012年4月11日　沈良、翁建平整理)

丁洪波：期货交易高手，《期货日报》第四届全国期货实盘大赛百万以上组冠军，每日商报《期货实战指导周报》专栏作者，曾创造9个月40多倍的收益记录，《都市快报》期货实盘大赛冠军。

第三届(2010～2011)蓝海密剑期货实盘大赛陆军组年度收益率第

一名，收益率367%；第四届(2011~2012)蓝海密剑期货实盘大赛第二季度收益率第二名，收益率168.38%

访谈精彩语录：

在把握趋势中，领悟时间的概念非常重要。

基本原则是这样的，在多头市场只做多不做空，在空头市场只做空不做多。

我通常在行情回调时买入，有时候也会在上扬的时候追入。

直接追入有个原则就是会有一根标志性的K线或者叫突破的K线。

一般刚开始的时候我一个品种的仓位是10%左右，如果在盈利的情况下，我会加仓。

加仓我一般加到别的品种上，同一品种我最多加一次仓。

仓位分散在不同的品种上，资金曲线可能会平滑一些。

最多的时候可能会持有8~10个品种。

止损的设计不能太大也不能太小，太小容易被甩出单子，太大受伤就比较重。

如果是一成不变的系统，往往会过时。

说到底一套系统只是个工具而已，同一套系统用的人不一样，效果也是不同的。

不能改变的是市场价格的走向，可以改变的是自己。

不要去想怎么改变市场或者操控市场，这样的想法是非常愚蠢的。

资金曲线应该说是交易者的生命线。

我觉得交易就跟打仗一样，都需要激情，需要一场经典的战役来提高自己的士气。

我觉得自己到现在为止还没有一场经典的战役，这点儿很遗憾。

我在等待股指期货一个好的机会，希望自己在股指期货市场上打一场经典的战役。

每个品种参与的人群不一样，品种的波动规律也就不一样。

专做股指期货是可以的，而且是一个非常好的方式。

期权交易可能需要更好的买卖点位，对时机的把握更重要一些。

对期权的推出，我是很期待的。

蓝海密剑是比较长期的，需要有稳健的思路去参加这样的比赛，而不是靠一时的激情。

做期货还是需要有激情，参加比赛可以认识一些朋友，而做交易的朋友比较单纯。

不可能任何市场形态都适合一个人的交易手法。

期货资产管理的前景是比较广阔的。

我希望通过资产管理的运作能帮助一部分人在期货投资上获得一些收益，这是我的想法和目标。

问题1：丁洪波先生您好，感谢您在百忙之中接受期货中国网和东航金融的联合专访。您是一个做波段交易为主的趋势交易者。大家都在说趋势，但对趋势的理解和定义各有不同，请问您怎么定义趋势？

丁洪波：现在大家认为的趋势是高点依次抬高，低点也是依次抬高，这样就是一个上涨趋势，反之就是下降趋势。要看趋势还是比较明显的，一看就知道上涨还是下跌，或者是不涨不跌，认为这样是上升趋势，那样下降趋势，其他的就是震荡势或者叫平衡势。我觉得**在把握趋势中，领悟时间的概念非常重要**，在一段时间内，很容易知道是上涨还是下跌，但是离开了时间观念，不同人就会有不同的看法。如果是在特定的一段时间，每个人的看法都差不多的，因为一看就知道上涨还是下跌或者是震荡。

问题2：对投资者来说，把趋势理解成一个模糊的概念更好，还是给趋势下一个明确的定义更好？

丁洪波：我觉得还是两方面，一方面直觉上一看就是上涨的，另一方面最好有一个可以借鉴的东西。比如趋势线向上，或者道氏理论所讲的"高点依次抬高，低点也依次抬高"，那是上涨趋势，反之就是下降趋势，有个定义会好理解一些。当然级别是不一样的，有小的趋势也有大的趋势，需要引入一个时间的概念。

问题3：您认为"看清市况，单边操作很重要"，您的意思是不是在看多时只做多不做空，在看空时只做空不做多？如果利用期货的双向交易机制，做多做空灵活应对，是否更好呢？

丁洪波：是这个意思。**基本原则是这样的，在多头市场只做多不做空，在空头市场只做空不做多。**

有时候做多做空都尝试也是可以的，一般在震荡一段时间之后，到末端的时候会有一个方向出来，但是还不知道往哪个方向走，就可以同时考虑做多做空，可能在一段时间内反着做几次，最终这样试盘也可以把方向试出来。

问题4：在看多准备做多时，等行情回调时买入是一种方法，在行情上扬时直接追入也是一种方法，您觉得哪一种方法更好？您通常使用哪种方法？

丁洪波：我觉得这两种方法都可以，**我通常在行情回调时买入**，有时候也会在上扬的时候追入，直接追入有个原则就是会有一根标志性的K线或者叫突破的K线，那个K线突破的时候也是可以直接追入的。但是两个方法的原则一样，止损位相对可控，比较容易设置，这一点还是比较重要的。**每个单子不论是我追的还是回调买的，我的止损位都比较明确，而且容易看得出风险，这就是原则。**

问题5：关于加仓，您认为"加仓是期货的魅力之一"。请问您一般初始仓位多大？在什么情况下会加仓，加仓是怎么加的？而平仓时是一次性平仓，还是逐步减仓？

丁洪波：**一般刚开始的时候我一个品种的仓位是10%左右，如果在盈利的情况下，我会加仓**，这个要看当时的情况。一个品种在平仓的时候基本上用一次性平仓的次数多些，最多是分两步平仓。**加仓我一般加到别的品种上，同一品种我最多加一次仓**，因为加仓在同一品种上风险会更大一些，**仓位分散在不同的品种上，资金曲线可能会平滑一些。我最多的时候可能会持有8~10个品种。**持有多个品种的时候一般是逐步平仓，因为多空行情遇到支撑或者遇到阻力的时候，都会有一个节奏性，各个品种一般是依次见顶或者是依次见底，所以会逐步平仓。

问题6：关于止损，您曾提出"不一定要在止损位到了以后才止损"，请问一般来说您一笔单子的止损位是怎么设计的？出现什么情况时，即使止损位没有到，也可以考虑平仓？

丁洪波：**一种是重要点位的止损**，比如我做空的时候，某一根标志性K线最高价作为止损，做多的时候，某一根标志性K线最低价作为止损，**或者是选一个重要指标或者均线作为止损。但是止损的设计不能太大也不能太小，太小容易被甩出单子，太大受伤就比较重。另外还有一种是心理止损**，价格没有朝着我预期的方向在发展，这样就有可能是我的单子错了，没到止损我有可能就止损掉了，这样做可能会失去一些机会，但也有可能会避免一些风险，这个主观因素会多一点儿，主要是凭经验和当时的感觉强烈性。

问题 7：您认为"一套系统是药，而交易者是医师"，请您诠释一下具体的意思？

丁洪波：所谓的系统就是我们的交易系统。**如果是一成不变的系统，往往会过时。**一套好的交易系统应该是可以达到盈利的目的，但是主要看你怎么用，比如什么时候该加仓，什么时候该减仓，什么时候仓位重一点儿，什么时候仓位轻一点儿，这些都需要人工去判断。**说到底一套系统只是个工具而已，同一套系统用的人不一样，效果也是不同的。**

问题 8：您认为"我们要有勇气去改变可以改变的事情，也要有胸怀去接受不能改变的东西"。请问在期货交易中，哪些事情是投资者可以去改变的？哪些事情是投资者不能改变的？

丁洪波：**不能改变的是市场价格的走向，不要去想怎么改变市场或者操控市场，这样的想法是非常愚蠢的；可以改变的是自己，**提高自己的交易技巧，还有从市场上感悟到的一些东西，尤其是改变自己交易方面人性的弱点，这是要靠自己去改变的。所以说无论是政策方面的还是市场方面的因素，这些都是我们没法改变的事情，但是我们得接受这些事情。要改变自己的弱点需要勇气，因为会跟以前的习惯相反，可能改了一段时间，又会走到老路上去了。

问题 9：您十分注重资金曲线的管理，请问您如何分析自己的资金曲线？如何管理自己的资金曲线？

丁洪波：**资金曲线应该说是交易者的生命线。**尤其到资金曲线暴涨的时候，是自负的情绪逐步在心里累积的过程，会变得疏忽，这样往往会形成资金的大幅回撤，**赚钱的时候停下来其实是很难的，**大幅赚钱的时候，我们头脑应该清醒一下；**大幅回撤的时候我**

们也可能会停不下来，也应该及时提醒自己，这是非常重要的。有了资金曲线就非常直观，可以知道自己处于哪个阶段，每天看一看会有好处，如果不去看就容易出问题。如果是资金曲线大幅上升的时候，我就会适当地减轻仓位，或者说小心点儿，大幅回撤的时候也需要保持理性，从小仓位开始做一些确定性比较强的机会，逐步逐步让资金曲线稳住。

问题10：您在网络上有三种操作风格的展示，分别是尚泽激进、尚泽进取、尚泽稳健，请问这三种风格之间大概的差别是怎样的？

丁洪波：尚泽激进可能会仓位重一些，品种会集中一点儿，盈利也会比较大，亏损也可能会比较大；尚泽进取是中等风险，可能会有30%～40%的回撤，但是收益也会相对可观；尚泽稳健的风险会稍微低一点儿，仓位也会低一些。

问题11：一个交易者用几种不同的风格操作，会不会形成互相干扰的局面？

丁洪波：会有。我是用不同的系统来做的，可能这段时间这个系统做多，另一个系统做空，干扰肯定会有，**我们现在把下单的人分开，每个人负责管理一种风格**，这样做会好一点儿，操作的人一分开，干扰会减少很多。

问题12：您在多次演讲中都提到，交易者需要一场经典战役，以此给自己足够的信心。请问，在您的交易生涯中，哪一场战役最经典？这场战役对您以后的交易有哪些影响？

丁洪波：我觉得交易就跟打仗一样，都需要激情，需要一场经典的战役来提高自己的士气，我觉得自己到现在为止还没有一场经典的战役，这点儿很遗憾。有可能在一段时间，通过自己的努力让自己的收益高一些，这样自己的信心会多一点儿。一定要勉强说经典，对2008年底买铜获得较高收益的印象还是比较深的。

问题 13：对普通的投资者来说，如何才能为自己打造一场经典的战役？

丁洪波：**一开始需要多学习，多了解市场，研究市场，做好计划，接下来就是等待**。等待相应条件的出现，如果市场符合自己假设性的判断，可能为自己打造一场经典的战役。

问题 14：股指期货推出两年后，如今已占中国期货市场成交额的1/2左右。您也在参与股指期货的交易，您感觉股指期货在国内期货市场的成交额比例是否会继续上升？您自己在股指期货上的业绩和商品期货相比，是更好一些还是差一些？

丁洪波：股指期货是国内一个很大的品种，成交额再上升是有可能的，占整个市场的比例上不一定会继续上升，毕竟商品期货新品种会推出比较多一些，容量可能会越来越大。随着公募、私募、套保资金等的加入，成交额还会大起来。

我操作股指期货主要是以趋势为主，目前来看股指期货还是震荡格局比较多一点儿，所以业绩没有商品期货这么好。**我在等待股指期货一个好的机会，希望自己在股指期货市场上打一场经典的战役。**

问题 15：有些期货投资者只做股指期货，不做商品期货，您如何看待这批投资者？

丁洪波：我觉得这样挺好，国外也有这种情况，有的人专做标普500。**每个品种参与的人群不一样，品种的波动规律也就不一样，所以说专做股指期货是可以的，而且是一个非常好的方式。**目前来看，股指期货和商品期货参与的人群是有点儿不同的，所以日内波动的规律也不一样，我觉得这样的投资者完全可以在股指期货市场继续做下去。

问题16：今明两年，原油、国债、白银等期货大品种应会上市，您对这些品种是否期待？届时会不会参与交易？

丁洪波：那肯定会参与，也期待这样的品种推出来，尤其是原油、国债。原油的成交量应该会很大，国债我还不清楚，但是市场容量应该会比较大，它以前也是比较火的品种，反而我对白银的成交量并不太看好（如果它的成交机制雷同现在的黄金期货的话），当然如果白银的成交机制做一些创新，比如合约设计得小一点儿，那么它还是有可能活跃的。**我肯定会参与交易这些新品种，前提是有足够的成交量。**

问题17：另外股指期权也可能在不久的将来上市，您对期权是否了解？您打算怎样利用期权交易，以此来丰富您的投资体系？

丁洪波：对期权还不是特别的了解，最近可能会做简单的了解，我想了解起来还是非常方便的，尤其是对做交易的人来说。**期权交易可能需要更好的买卖点位，对时机的把握更重要一些**。对期权的推出，我是很期待的。

问题18：您也在做一些外盘交易，收益也很不错，就您自身参与的感受来看，您觉得内外盘的最大不同点有哪些？有些投资者认为外盘期货要比内盘期货好做，您是否认同？

丁洪波：我参与的感觉是外盘跟内盘差不多，**最大的不同是一个有跳空，一个没有跳空**。外盘期货比内盘期货好做这一点也不一定，外盘杠杆相对高一些，如果做对，盈利会比较大，很多人会觉得比较好做，说的人往往是赚钱的人，因为杠杆比较高。**外盘可以下永久止损单，连续性比较强，这两点比国内会好一点儿**。就投资的难易程度而言我觉得差不多。

问题19：您参加过蓝海密剑、《期货日报》、《都市快报》等期货实盘大赛，就您亲身参与的感悟来看，您觉得这几项大赛各自的特点如何？

丁洪波：《期货日报》的大赛面比较广，而且时间比较短，参与的人也比较多，关注的人也比较多，参与的人比较有激情。都市快报是我长期性的一个展示平台，参与的大多数是浙江的选手，很多选手虽然未曾谋面，上上下下做单子，大家相互都熟悉了，碰到一起就像老朋友一样，就像我上次去温州去见个选手，虽然只见过一两次，但见面就像老朋友一样，因为交易的时候内心会有一种交流。**蓝海密剑是比较长期的，需要有稳健的思路去参加这样的比赛，而不是靠一时的激情。**

问题20：有些高手认为自己的水平已经不需要用大赛来证明了、有些高手则不想在市场上抛头露脸，这些高手都选择不参加大赛。而您这几年来经常性参加各项大赛，请问是什么原因？

丁洪波：我觉得自己还不是一个高手，只不过这几年在交易实践中有一点点的心得体会。**做期货还是需要有激情，参加比赛可以认识一些朋友，而做交易的朋友比较单纯**。参不参加比赛，要看有没有精力，有精力就可以去参加，并不意味着什么，我觉得没有必要刻意地去参加，也没有必要刻意地不去参加。

问题21：您在第三届蓝海密剑的大赛中，账户净值曾突破过10，后来比赛结束时虽然得到了陆军组第一名，但净值下降到了4.67，对此您是否会感到遗憾？上个年度(2010年9月17日至2011年9月16日)大赛后半段您的账户出现回撤的主要原因是什么？

丁洪波：因为蓝海密剑的赛事时间比较长，这个账户我关注度比较低，资金也不大，自己账户比较多，有时候忘记了，突然就蒙受很大的损失。

回撤的主要还是因为自己在交易上比较乱，比较浮躁，过度交易可能也是原因，这是主观原因；另外一个原因，当净值突破10以后，回撤的可能就大大增加了，有起有落也是规律，**不可能任何市场形态都适合一个人的交易手法，这是客观原因。**

问题22：2012年1月，近一个月左右的时间，您自己的公开账户获得了200%左右的收益，据说您事前就对这波行情做了充分的准备，请问您提前预测到了这波行情吗？

丁洪波：这个账户最近也有比较大的回撤，说到底自己可能有短板吧，我认识到这块短板，但是一下子还改不过来，这波回撤之前我都计划好该怎么去做，但是还没有按照计划去做，这点儿可能还没有突破吧。

今年一月份这波行情我还是有很充分的准备，通过对行情的分析，觉得会有一波上涨的机会，不能说预测到了这波行情，只能说行情跟我的研判正好相符合。跟我预测相符合，我就赚点儿钱，不符合可能会亏点儿钱。

问题23：目前，私募有限合伙、信托、公募专户理财等形式的期货资产管理模式已在进行，期货公司的投资咨询业务已经取得，期货CTA业务也可能在不久的将来获批开展，请您谈谈对期货资产管理前景和空间的看法？

丁洪波：期货资产管理的前景是比较广阔的。现在90%还是散户在做，但是期货相对专业，需要有专门的机构去做看盘交易这样的事情。因为是杠杆交易，使得人的弱点在期货交易当中被放大，风险被放大，这样很容易造成极大的损失，所以很有必要发展期货资产管理。

问题 24：在上述期货资产管理的大背景下，您对自己的定位是怎样的？您有着怎样的个人目标？

丁洪波：做期货交易员要看自己想要怎么发展，**我把自己定位成资产管理的管理人，**相当于我的一个事业，而不仅是把账户做好。因为人需要有事业，需要一定的目标，也需要合作的朋友，这点儿也很重要。**我希望通过资产管理的运作能帮助一部分人在期货投资上获得一些收益，这是我的想法和目标。**

胡庆平：商品的牛市还远没有结束

(2012年4月21日　沈良整理)

胡庆平：网名"解铃"。期货交易高手，第三届(2010～2011)蓝海密剑期货实盘大赛第二赛季的季军，涉足股票、期货、外盘交易。

江苏扬州人，性格稳重、坚韧，喜欢长跑、游泳、看书。

2000年开始做股票，2006年买的股票在2007年5月清仓，2009年初买的股票在2009年9月清仓。

2004年开始做期货，2006年开始盈利，2005年把上海的房子卖掉用于期货投资。看好商品期货未来10年的投资机会，擅长低杠杆、长趋势的交易模式。

访谈精彩语录：

2012年1月我又买了一些股票。

长期看，中国股市是绝对值得投资的！

重要的是享受投资过程中的快乐。

我近期在考察一个养殖项目。

期货仅仅是一种金融工具而已，没必要赋予它太多的感情色彩，更不能让它完全左右投资者的喜怒哀乐。

目前来看，商品的牛市还远没有结束，特别是农产品和贵金属。

我也尝试过做空，但几乎都不成功。

"心急吃不了热豆腐！"做期货还是要保持平和的心态，控制好仓位，稳扎稳打。

长期来说，每年平均30％的复利就很不错了。

"短期暴利"就像"魔戒"一样充满诱惑。有的高手能驾驭它，而我选择远离它。

每个投资者要找到适合自身的投资方法，并在实践中不断完善。

我的进出场依据主要是价格本身，参考因素是价格变动的速度、市场氛围等。

最好鸡蛋放在不同的篮子里，避免资金的长期睡眠。

相对来说，外盘好做些。

选品种的主要依据是：选择一个产业链上供需严重失衡环节的品种。还要考虑：该品种前几年涨幅要小，该品种的现价与其历史最高价相比要尽可能低。

如果纸币的基准利率不达到10％以上，很难想象贵金属会停止上涨的步伐。

我做中长线交易一般不超过3倍杠杆。

不能盲目地将别人的投资方法拿来就用。

我比较欣赏不骄不躁，内敛含蓄，以平和心态从事投资事业的投资者。

问题1：胡庆平先生您好，感谢您在百忙之中接受期货中国网和东航金融的联合专访。您做股票比做期货还早，在股票市场也获得了不错的收益，2006年买的股票2007年5月清仓，2009年初买的股票2009年9月清仓，在此之后您有没有买过股票？您觉得现在的股市值得参与吗？

胡庆平：2012年1月我又买了一些股票。主要原因是：中国实体经济还在发展；股市整体市盈率已不高；政府已开始救市。

长期看，中国股市是绝对值得投资的！但今后几年全球范围内的严重通货膨胀也注定中国股市没有持续大牛行情（通胀无牛市）。估计今后几年A股很可能是宽幅震荡的走势。但并不代表没有机会，最关键还是要看准行业，精选个股。

问题2：对您来说，做股票赚钱容易还是做期货赚钱容易？

胡庆平：赚钱都不容易！股票、期货、房子、艺术品等等，这些都是投资的渠道和手段，**更重要的是享受投资过程中的快乐**。

问题3：除了股票和期货，您是否还在进行其他方面的投资或经营？

胡庆平：考虑到今后有更严重的通货膨胀，未来农产品和贵金属会有较好的表现。高盛武钢都进军养猪业了。**我近期也在考察一**

个养殖项目。

问题 4：有人把期货看做赌场，有人把期货看成毒品，有人把期货说成战争，有人把期货当成游戏，您觉得这些说法有没有道理？您认不认同？在您心中，期货是什么？

胡庆平：从特定的角度看，这些说法都有一定的道理。比如说期货是赌场，强调的是期货短时间的不确定性，运气成分很大。

我个人认为**期货仅仅是一种金融工具而已，没必要赋予它太多的感情色彩，更不能让它完全左右投资者的喜怒哀乐**。

问题 5：据说您是一个坚定的看多者，认为前 10 年和后 10 年都属于通胀行情背景，现在您是否依然保持这样的观点？为什么？

胡庆平：是的！**毋庸置疑，过去 10 年是通货膨胀的 10 年。目前来看，商品的牛市还远没有结束，特别是农产品和贵金属**。看好农产品的主要原因是我们过去长期不重视农业，在农业领域投入太少。农业从业人员数量减少，年龄老化。看好贵金属的原因主要是全球各主要经济体都在大印钞票，人为制造通货膨胀。

如果哪一天全球主要经济体的货币政策被迫发生 180°大转弯，大幅收缩流动性，比如将存款基准利率大幅提高到 10%，那时才是多头逐步离场，空头跃跃欲试的大好时机。

问题 6：在具体的交易中，您是否只做多不做空？如果遇到自己看得懂的空头行情也不参与吗？当空头行情比较流畅时，会不会心里发痒？

胡庆平：我也尝试过做空，但几乎都不成功。我想我做不了两头通吃的高手。反过来想想：如果下跌越多，我就可以捡到更便宜的筹码。这样想，心情会平静很多，心里就不会太发痒了。

问题 7：万一遇到了期货市场两三年的持续下跌行情，怎么办？

胡庆平：对于商品期货来说，我认为最好的做法是关注新闻，等待做多的时机。

问题8：2008年的暴跌行情您是怎么躲过的？

胡庆平：我在2007年就退出来了，当时觉得涨的太多太快。巴菲特都出货了，我们小投资者也要见好就收。

问题9：2011年整年盘整下跌，8月、9月跌幅较大，您好像有所损失，为什么这一次下跌没有躲过？

胡庆平：我那时参加了比赛，心急仓重了，没有按照自己真实的投资策略操作。这是需要吸取的教训！

问题10：您对自己在2011年的交易中是否有些总结或反思？

胡庆平："心急吃不了热豆腐！"做期货还是要保持平和的心态，控制好仓位，稳扎稳打。

问题11：您很看重复利的盈利模式，您觉得每年实现百分之多少的复利，算比较满意？您有没有动过短期暴利的念头？

胡庆平：长期来说，每年平均30%的复利就很不错了。"短期暴利"就像"魔戒"一样充满诱惑。有的高手能驾驭它，而我选择远离它。

问题12：虽然这个市场上有长期复利赚了大钱的人，也有短期暴利赚了大钱的人，但对普通投资者来说，这两种模式都是可望不可及的。您觉得具备哪些素质的投资者有可能实现长期复利？具备哪些素质的投资者有可能短期暴利？

胡庆平："平和、耐性、坚忍"应该是长期投资者必备的。我不太认同短期暴利的盈利模式，也没有去研究过，因此对实现短期暴利需要哪些素质不敢妄言。

问题13：您曾说过"我更愿意赚一些相对安全的钱，而不愿意去刀口舔血"，请问怎样的钱是安全的？怎样的钱有如刀口上的血？

胡庆平：尽可能做自己熟悉的事，成功的机会就大得多。对我来说，"低杠杆、长趋势"的投资方法比较适合我。而其他投资方法不太适合我，就如"刀口舔血"。

问题14：您曾表达过这样的观点"成功=99%的方向+1%的执行"，但在期货市场有人认为看对方向离赚到钱还很远，也有人认为执行比方向更重要，您怎么看待他们的观点？

胡庆平：市场上各种观点"百花齐放"是正常的。关键**每个投资者要找到适合自身的投资方法，并在实践中不断完善**。

问题15：您做交易主要做中长线，您认为"长线是金"，不过也有人认为"短线是银"，您是否关注行情短期波动的机会？对交易者来说，是不是必须在"金银"中选择一个？"金银通吃"有没有可能？

胡庆平："过滤短期波动，抓住长期趋势"，这是我选择的投资方法。

市场的参与者很多，既有"天外天"，也有"人下人"；既有"金银通吃"的，也有"金银通吐"的。还是那句话，投资者关键要找到适合自己的投资方法，并在实践中不断完善。

问题16：有些中长线交易者对进出场点位不是很讲究，您是否也是如此？您怎么确定进出场时机？

胡庆平：其实不是不想讲究，谁都想买到最低，卖到最高(但那是神！)。

我的进出场依据主要是价格本身，参考因素是价格变动的速度、市场氛围等。比如说如果要买，当然是价格越低越好。当发生恐慌性下跌的时候是最好的入场时机。"别人恐惧的时候我贪婪，别人贪婪的时候我恐惧"。

问题17：当您选择一个品种要做多时，您会在低位盘整时买入，还是在突破后追涨，或是回调时买入？

胡庆平：这几种买入时机我尝试过。**"突破跟进"和"回调买入"更有利于资金的利用。**

问题18：一个品种做多后，如果一段时间内行情没有上涨，老是盘整或震荡下跌，您会怎么处理？

胡庆平：没有什么特别好的办法。换更好的品种，或者等待该品种上涨的催化因素发生(所以有条件的话，**最好鸡蛋放在不同的篮子里，避免资金的长期睡眠**)。

问题19：外盘和内盘您都有参与，总体来说，您觉得内外盘之间最大的差异是什么？是内盘好做还是外盘好做？

胡庆平：内外盘各有特点。外盘的品种丰富，走势流畅，但很多品种交易量太小。内盘有些品种受政策调控影响比较大。**相对来说，外盘好做些**。

问题20：您怎么选品种？有没有特别钟爱的品种？

胡庆平：选品种的主要依据是：**选择一个产业链上供需严重失衡环节的品种**。还要考虑：该品种前几年涨幅要小，该品种的现价与其历史最高价相比要尽可能低。

下一个明星品种有可能是：天然气、可可、原糖、白银、白金。

天然气是传统石化能源中涨幅最小的。天然气发电更环保。日本核泄露后，各国对石化能源的需求将加大。长期看，即使有页岩气革命，天然气也无疑将上涨。

可可是三大饮品中涨幅较小的品种。咖啡的涨幅远大于可可，茶叶也经历了爆炒。可可的主要出口国象牙海岸政局不稳，而巧克力越来越受到大家的欢迎。可可上涨只是时间问题。

纽约原糖在20世纪70年代的最高价是66美分，而现在的价格只有约25美分。上涨空间巨大。

白银、白金：作为真实的"钱"，**如果纸币的基准利率不达到10%以上，很难想象贵金属会停止上涨的步伐。**

问题21：您做中长线交易一般仓位多大？对郑加华、于海飞等中长线交易高手的重仓交易风格，您怎么看？

胡庆平：**我做中长线交易一般不超过3倍杠杆**。有些中长线高手重仓交易也无可厚非，适合自己的交易方法就是最好的方法。

问题22：做中长线交易，可能在一段时间里没有好的交易机会，那时您会不会空仓观望？您空仓时会不会离开市场？

胡庆平：市场大部分时间是盘整的牛皮市，单边市的时间毕竟少。**如果没有好的交易机会，是应该空仓**。但并不是完全离开市场，而是收集信息，寻找下一个交易机会。

问题23：有些人做期货喜欢和别人交流，有些人则喜欢独立思考，不受任何人干扰，对您来说哪种方法更好？

胡庆平：我更倾向于独立思考。但不可否认，与高手交流，和各种思想观点交流，可以完善自身的投资方法。需要提醒的是，**不能盲目地将别人的投资方法拿来就用**，必须充分融合到自身的投资方法后才可以运用到实践中。否则很容易东施效颦。

问题24：蓝海密剑是一个全国关注度很高的大赛，您在参赛或被人关注时，交易心态会不会和平常不一样？为什么？

胡庆平：蓝海密剑是我参加的第一个期货大赛，**参赛特别是被人关注后，交易心态是会发生较大变化**。比如：比较在乎比赛排名，操作上总想重仓抓住一波大行情。这些都是做出正确判断的大敌，是今后需要特别注意的。

问题25：近年来，期货行业的各项大赛越来越多，奖金越来越丰厚，除了蓝海密剑，其他大赛您是否有所关注？从各项大赛中冒出来的各个高手您是否有关注？

胡庆平：期货市场火了，自然各种比赛也就多起来了。比赛中很多高手都很有特色，水平都很高，很有独到之处。有机会和他们多交流是有益的。

问题26：在您眼中，什么样的人才称得上是高手？

胡庆平：我比较欣赏不骄不躁，内敛含蓄，以平和心态从事投资事业的投资者。

周汉平：多品种多策略可以降低回撤率

(2012年5月3日 沈良整理)

周汉平：程序化交易高手，连续6年实现稳健盈利。网络昵称"平恺投资"，大学学工业自动化专业，2006年开始做期货。

2006年小资金获得100%收益，2007年获得49%的收益，2008年获得33.7%的收益，2009年获得30.3%的收益，2010年获得34.1%的收益，2011年获得17.28%的收益。

第三届(2010~2011)蓝海密剑期货实盘大赛高级士官。

访谈精彩语录：

我高中的时候就想以后从事金融这一行。

从 2011 年开始我的系统化交易才真正走上成熟的道路。

性格沉稳、守纪律的人比较适合做程序化交易。

我非常讨厌大亏，如果一个头寸出现大亏，我都会赶快处理掉。

虽然刚做期货的两三年里我没有一个完整的系统，但也实现了稳定的盈利，主要功劳是风控做得比较好。

相比使用单个模型，我觉得多品种多策略更好，可以降低回撤率。

一套完整的系统应包括：风险底线、品种选择、进出场条件、止损策略、仓位控制这五个部分。

基本面还是要看一些，主要是对品种选择有帮助。

一旦做进去就按信号来进出场，不受基本面信息变化的影响。

我的商品交易是中长线交易，持仓顺利会持一个月以上，不顺利可能当天就出了。

我的股指系统是日内波段交易。

我主要用两条均线，一条近期均线用来进出场，一条远期均线来过滤信号。远期均线上只做多，均线下只做空。

一笔单子的止损幅度要看这个账户的风险底线是多少。

如果是商品交易的话，一般一笔单子的止损不超过总资金权益的 0.5%。

截止到目前为止，我的最大本金回撤没有超过 16%。

根据风险底线来控制仓位，一般仓位过夜不会超过 50%。

普通投资者持仓过夜，30%～40%仓位比较好。

我的盈利模式是高盈亏比、低胜率。

我有两个模式，一个是全自动交易股指期货；一个是人工下单商品期货。

我基本上100％执行交易信号，人工干预总体来说效果不如100％执行系统信号。

不可能说一个固定的交易系统就是一个神器，它是需要进化的。

只有坚忍、耐心、信心并顽强执著自己正确的交易理念才能成功。

随时与市场的步调保持一致，当市场结构出现变化时就要对交易系统进行调整。

目前来说，中国程序化交易还处于初期发展阶段，后面还有很大的发展空间。

多个操盘手分别操作一部分资金的好处是可以总体上降低总资金的风险率，弊端是收益上不去。

我喜欢低风险下的持续增长。我看中的是复利的威力，保持20年30％的复利就非常了不起了。

(坚持做程序化交易)5年可以获得小成就，10年可以获得大成就。

问题1：周汉平先生您好，感谢您在百忙之中接受期货中国网和东航金融的联合专访。您的网络昵称是"平恺投资"，请问为什么叫"平恺"？有什么渊源或含义吗？

周汉平："平恺"是指平稳健康前进，是希望自己的金融事业能够稳定平稳前进。

问题2：您大学学的是工业自动化专业，当时大学毕业的时候有没有做过"正当"的工作？为什么后来选择专职做期货？

周汉平：我1998年大学毕业的，2003年开始做外汇，2006年开始做期货。**我高中的时候就想以后从事金融这一行**，可惜高考填报志愿的时候受其他原因影响，报了工业自动化专业。

专职做股票或者期货是我一直的梦想，当有条件时一定会去实践这个梦想。所以，我从2006年起就开始全职做期货了。

问题3：您做期货一开始就做程序化交易，还是后来才选择程序化交易的？您为什么选择做程序化交易？

周汉平：一开始也是有一套不太完整的系统，没有现在规范，老是患得患失，进出场条件改来改去，直到2008年周伟先生用系统化交易获得了很大的收益，我才下定决心进入系统交易这一块，**从2011年开始我的系统化交易才真正走上成熟的道路。**

问题4：在您看来，程序化交易和主观交易的核心差别是什么？

周汉平：核心差别是情绪的影响。

系统化交易按规则行事，不用考虑外围的影响，各种信息、基本面变化的干扰会少很多，利于得出正确的决定。

而主观交易者受基本面变化、其他人的观点影响比较大，操作上比较容易主观臆断。

问题5：您觉得哪些类型的投资者适合做程序化交易？

周汉平：性格沉稳、守纪律的人比较适合做程序化交易。

问题6：您做期货没有大亏过就实现了持续稳健盈利，但有不少投资者认为做期货必须经历大赚大亏才能走向成熟，对此您怎么看？

周汉平：跟人的性格有关吧，**我非常讨厌大亏，如果一个头寸出现大亏，我都会赶快处理掉，更不用说要去补仓或死扛了。**

我觉得无论做什么事情，学习前辈的经验非常重要。很多期货金融类书籍都告诉我们控制风险非常重要，利润是风控的产物。**虽然刚做期货的两三年里我没有一个完整的系统，但也实现了稳定的盈利，主要功劳是风控做得比较好。**

经历了大赚大亏的人才会更懂去执行一些正确的东西吧。而如果一开始就走正确的道路，不用经历大亏大赚，应该也会一直稳定地赚钱。

问题 7：虽然您没有大亏过，但在交易上也应该经历过一些不顺利或小挫折，您觉得自己遭遇过的最大挫折是怎样的？

周汉平：**最大挫折就是连续七八个月不赚钱，当然也亏得不多。**

最近几年都有连续多个月不赚钱的情况，期间最大亏损就是本金回撤了15%。不赚钱的原因是系统碰上行情震荡期，而一旦有趋势出来就可以赚钱了。

问题 8：您曾参与过雷凯投资的选拔，并成为其优秀的操盘手，获得不错的业绩。请问您如何看待雷凯的模式？

周汉平：**雷凯模式在中国来说是很有创意的**，在雷凯操盘的参与过程中也使我成长了许多。我觉得如果他们能增加一些人性化的管理，加强跟操盘手之间的沟通，这样会更好一些。

问题 9：您曾在论坛晒过裸单，请问您是出于哪些考虑而去晒裸单的？

周汉平：主要想裸的好，找资金代客理财。

问题 10：您做程序化交易，主要用一个模型还是多个模型组合？有人说用一个模型好，也有人说用多品种多策略好，请问您怎么看？

周汉平：我目前用两个模型，**相比使用单个模型，我觉得多品种多策略更好，可以降低回撤率**。通俗地说，就是性价比会高些，冒同样的风险，我觉得多策略多品种操作收益会高一些。

问题 11：一套完整的程序化交易系统应该包括哪几个部分？您觉得其中哪个部分最为重要？

周汉平：我认为一套完整的系统应包括：风险底线、品种选择、进出场条件、止损策略、仓位控制这五个部分。我觉得其中"风险底线"最重要。

问题12：一般来说，程序化交易者是不看基本面的，您是否完全不看基本面？基本面信息的变化，对您的交易会不会产生影响？

周汉平：基本面还是要看一些，主要是对品种选择有帮助。两个相关性比较大的品种，只能做其中一个时，可以适当参考当时的基本面情况，选择其中更符合当时基本面情况的那个品种来操作，这样相当于人为的优化。

一旦做进去就按信号来进出场，不受基本面信息变化的影响。

问题13：您的程序化交易以哪个交易周期为主？主要看哪个级别的K线？

周汉平：我的商品交易是中长线交易，持仓顺利会持一个月以上，不顺利可能当天就出了。

我的股指系统是日内波段交易。

商品看日K线级别，股指看日内1分钟周期。

问题14：在交易指标方面，您用的是常规的指标还是自己研发设计的指标？

周汉平：常规指标，均线为主。

我主要用两条均线，一条近期均线用来进出场，一条远期均线来过滤信号。远期均线上只做多，均线下只做空。

问题15：一般来说，您一笔单子设置的止损幅度有多大？一个常规账户最大的亏损设计为多大？这些年来，操作的账户中，出现过的最大回撤是多少？

周汉平：一笔单子的止损幅度要看这个账户的风险底线是多

少，风险底线30%和20%肯定不一样的。我是多品种组合，**如果是商品交易的话，一般一笔单子的止损不超过总资金权益的**0.5%。

截止到目前为止，我的最大本金回撤没有超过16%。

问题16：您在交易中仓位一般控制在多大？您如何看待重仓交易？您建议普通投资者采用多大的仓位？

周汉平：根据风险底线来控制仓位，一般仓位过夜不会超过50%。

我本人不喜欢重仓交易，重仓遇到小概率事件会死得比较惨，轻仓压力小，可以活得比较久些。

普通投资者持仓过夜，30%~40%仓位比较好。

问题17：您的盈利模式是多次"小"亏、一次"大"赚、最终盈利的模式，还是多次"小"赚、一次"中"亏、最终盈利的模式？您如何评价这两种盈利模式？

周汉平：我的盈利模式是高盈亏比、低胜率。

两种模式都有各自的优缺点，适合自己最好。从概率上看，高盈亏比、低胜率大多数是系统化长线交易模式，这个基本上没有资金瓶颈的限制；而低盈亏比、高胜率是主观交易风格或者是短线风格，我觉得这种模式，资金不容易做大。

问题18：有些人做程序化交易是全自动的，另一些人则是半自动的，您采用的是那种？您觉得全自动和半自动各自的好处是什么？

周汉平：我有两个模式，一个是全自动交易股指期货，一个是人工下单商品期货。

全自动比较省心省力，半自动可以处理突发状况。

当行情出现秒杀时，全自动可能会出现不成交的情况，这时就要人工干预了。而半自动不好的地方是，有时下单可能会犹豫，会错过好点位。

问题 19：您的系统提示的进出场信号，您是否100%全部执行？还是会有一定的人工干预？您如何看待程序化交易中人工干预的好坏？

周汉平：我基本上100%执行交易信号，人工干预总体来说效果不如100%执行系统信号。

问题 20：您的进出场信号是单层次固化的，还是多层次的(即针对不同机会、不同行情有不同的进出场规则)？您觉得这两种方法哪一种更好？

周汉平：对我来说：商品期货是一个系统，股指期货是另一个系统，分别来说都是固化的。

可能是多层次的好些，目前我还做不到多层次的交易。

问题 21：程序化交易讲究"不预测、有对策"，您的交易系统是否能应对任何行情？

周汉平：交易系统会随市场结构的变化而变化，比如说品种的改变，周期的微调等等，**不可能说一个固定的交易系统就是一个神器，它是需要进化的。**

问题 22：有些投资者看好程序化交易，尝试程序化交易，但却无法坚持执行系统，您觉得核心原因是什么？

周汉平：核心是对自己的交易系统缺乏信心。

只有坚忍、耐心、信心并顽强执著自己正确的交易理念才能成功。

问题 23：从2006~2011年，您在2011年获得的收益是最低的，另外据我们了解在2011年，程序化交易者的收益普遍下降，请问您觉得这是什么原因造成的？

周汉平：2011年交易所提高了手续费收取，提高了各个品种的保证金，对市场结构有一定的影响，一定程度上加大了市场的震荡，而**程序化交易最怕的是长时间的震荡**。

虽然2011年收益不高，但我也没有很担心，每年都有不相同的行情，不可能所有的行情都能赚到好的利润，**有时调整是为了更好的前进**。

问题24：任何一套固化的系统，随着市场的变化，都会钝化或失效，程序化交易者应如何保持系统的有效性？

周汉平：**随时与市场的步调保持一致，当市场结构出现变化时就要对交易系统进行调整**。比如说我以前没有股指交易系统，现在加入了，这样总体就跟市场保持基本一致性了。

问题25：您觉得中国期货市场的程序化交易目前处在怎样的发展阶段？后续还有没有发展空间？发展空间有多大？

周汉平：**目前来说，中国程序化交易还处于初期发展阶段，后面还有很大的发展空间**。

问题26：东航的种子基金由多个操盘手分别操作，您是种子基金的操盘手之一，请问您对种子基金的运作模式是否认同？多个操盘手分别操作一部分资金能给账户带来哪些好处或坏处？对种子基金的其他几位操盘手，您是如何评价的？

周汉平：种子基金的模式非常好，操盘手在一起交流比较多，可以提高个人的操作水平。大家做单各有各的风格，放在一起等于多策略、多品种交易，一定程度上对冲了风险。

多个操盘手分别操作一部分资金的好处是可以总体上降低总资金的风险率，弊端是收益上不去。

种子基金的其他几位操盘手都有很好的操盘功底。

问题 27：您已经保持了 6 年时间的持续稳健盈利，但每年的收益都不算特别高，请问您如何看待短期赚大钱的交易方法和交易者？看到身边的一些朋友短期赚了大钱，您会不会眼红？

周汉平：我盈利不高是因为我仓位比较低，我喜欢低风险下的持续增长。我看中的是复利的威力，保持 20 年 30%的复利就非常了不起了。另外我觉得一直保持低风险下的增长最大的好处是：资金瓶颈容易克服，我做期货这 6 年，每年的操作资金都在增长，而操盘心态没有因为资金的增大而受到影响。

短期赚大钱潜伏着短期亏大钱的风险，各有各的赚钱风格，不会眼红。

问题 28：您觉得一个投资者坚持做程序化交易，多少年可以获得大成就？

周汉平：我想 5 年可以获得小成就，10 年可以获得大成就。

问题 29：据说您比较喜欢烧菜做饭，请问您擅长做什么菜？家人对您做的饭菜评价如何？您觉得炒菜和炒期货有没有联系？

周汉平：烧点儿家常菜，家人都喜欢吃。炒菜和炒期货没有必然联系，完全是个人喜好，属于生活范畴，不属于投资范畴。

葛云华：做投资无非就是博取差价的游戏

(2012年5月11日　沈良整理)

葛云华：网络昵称"在水一方"。

15年股票交易经验，5年期货交易经验，以技术分析为主，擅长波段操作，对股指有着极其出色的判断。

第三届(2010～2011)蓝海密剑期货实盘大赛第三季以110.81%收益率获得第二。

"龙腾四海，期指领航"国泰君安2012期指仿真大赛周亚军。

访谈精彩语录：

最大的不同点就在于最终利润产生的速度上。

我做期货主要把股票上的操作方法运用到了期货上。

砍再多的次数你也得砍，如果你不想爆仓的话。

股票赚钱要容易得多，但期货赚钱的速度要远胜于股市。

在期货品种的选择上，也类似于股票，喜欢做那些振幅比较大的品种。

我们做投资无非就是博取一个差价的游戏，如果一个品种老是停留在一个价位，那你叫索罗斯进去，他也得输钱。

历史的经验告诉我，做股票和期货都必须得以技术分析为主。

股指期货的走势基本是现货的一个翻版。

我比较喜欢把资金集中在一个品种上操作。

仓位一般在八成至满仓。

如果市场证明我的开仓是对的，通常在其回抽至30日均线附近的时候我会加仓，如果判断出错，则全部平掉。

我觉得期货的交易风险比股票大多了。至于股票我个人不觉得它有何风险。

我一般做小级别的趋势，通过K线形态的组合与3根均线的配合使用。

当价格上涨打穿一段时期以来的下降通道的上轨时，可以立马开仓跟进。反之，则平仓了结。

不管是哪种方法，只要是通过自己的勤奋与努力研究出一套适合于自身特点的交易方法，就是一套好方法。

它(中长线交易)有一个弊端，就是要来回坐电梯。

(日内短线)频繁的操作将会大大增加失误的概率。

我个人还是喜好做中短线的波段，也适合于我的性格。

喜欢在比赛中你追我赶的那种氛围。

大赚，我觉得一是有运气的成分，二是通过自己的刻苦钻研，不断地学习总结前人成功的方法所得来的回报。

大亏，我觉得主要还是缺少总结失败的经验教训吧。

特别欣赏李永强、高兵、郑加华。

做期货做得好可以很快做成亿万富豪，当然也可以让亿万富豪输得精光，我不想做后者，我想做前者。

一支只有防守没有进攻的球队，你觉得还会赢球吗？

问题1：葛云华先生您好，感谢您在百忙之中接受期货中国网和东航金融的联合专访。您参与金融投资已有多年，在您的理解中，做金融投资和做其他行业相比，主要有哪些不同？

葛云华：**我觉得最大的不同点就在于最终利润产生的速度上。**如果你搞实业，就要动用人力、物力、财力等，要有一个时间周期段才能最终产生效益。但金融投资就不同，只要你判断出色，随时随地都可以赚钱，这是它最吸引我的地方所在，而且它不需要你花费多少本金，这也是搞实业所不能比拟的。当然以上所述是建立在都能盈利的前提下。

问题2：您以前在宝钢做质检，请问您是在什么境遇下接触到股票的？又在什么境遇下接触到期货的？为什么后来专职做金融投资？

葛云华：我是在1996年间接地通过我表哥初识股票的，他做股票比我早。当时主要经常跟他在一起，而他时不时地都会谈一些股票上的事，还跟他去过几次证券营业厅。由于我对数字特别的敏感，看着大屏幕上所显示的数字，对我触动很大，心想：**假如我买进了一只股票，第二天涨了，不就可以赚钱了吗？做其他生意哪有这么容易的事啊！**于是抱着试一试的心态便踏入了股市。其实我很早就想做期货了，只是在2007年之前一直对期货不是很了解，听许多人说个人投资者是不能做期货的，只针对机构投资者开放，后来在各类媒体一直宣传期指的情况下，才慢慢了解了期货。**之所以选择专职做金融投资，是由于期货的原因，**大家都知道，期货是有杠杆的，将你实际操作的保证金放大了几倍到10倍，而我又比较喜欢重仓操作，在这样的前提下，如果我上班，经常不看盘的话，风险会很大，另外由于我在股票上建立了自信，**我相信我可以依靠金融投资这行实现自我生存，所以就这样选择专职做了。**

问题3：您做股票已经15年了，请问您做股票用的是怎样的交易风格？

葛云华：中短结合，以波段为主。

问题4：您做期货是否沿袭了股票的操作风格？您觉得股票的操作方法用到期货中能保持有效吗？是否需要做一些变化？

葛云华：是的，我做期货主要把股票上的操作方法运用到了期货上。刚进入这个市场时，显得很自信，因为我是以技术分析为主的，两者都有K线图形嘛！我想这不是一样吗，既然我能把股票做好，那期货为什么就不可以呢？但做了一段时间后，发现每个市场的属性都是不同的，我需要重新来认识这个新生市场。最需要做的功课是，当出现了回撤时我该如何应对。大家都知道，股票套住了可以拿着，不管它如何跌，最终总有个价，通过补仓可以降低成本，所谓风水轮流转，最终总会上来的，也应验了市场中的那句话：只输时间，不输钱。**但期货是绝对不能这样操作的，一旦做反了就要严格止损，砍再多的次数你也得砍，如果你不想爆仓的话。我的止损是在开仓前心中想好一个认赔点位，一旦回撤达到这一界限，就严格止损，决不拖泥带水。**

问题5：就您亲身实盘操作的经历来看，您觉得股票赚钱容易还是期货赚钱容易？为什么？

葛云华：自然是股票要容易得多，因为我做股票的时间长，经验更加的丰富。**我几乎可以把握上证指数所有的波段顶部与底部**，说句不谦虚的话，放眼当今全球，能在股指判断的造诣上超越我的能有几人？**但期货赚钱的速度要远胜于股市，**这也是为何我要踏入期市的原因所在。

问题6：选股水平的高低直接影响股票操作的成绩，请问您是怎么选股的？您选择期货品种的方法和选股的方法是否雷同？

葛云华：我选股首先要看这只股票的流通盘大不大，**一般超过5个亿的，我就会把它拒之门外，因为流通盘太大，不利于炒作；**其次，看它所属什么行业，现在我比较喜欢做那些有色金属中的个股，因为这类股票股性比较活跃，振幅比较大，同样发动一波行情的话，它们的涨幅一般都比较大。**在期货品种的选择上，也类似于股票，喜欢做那些振幅比较大的品种。我们做投资无非就是博取一个差价的游戏，如果一个品种老是停留在一个价位，那你叫索罗斯进去，他也得输钱。**哈哈！

问题7：您对股指有着出色的判断，请问您用什么方法判断股指的涨跌？是不是先判断大盘，再精选个股？

葛云华：在对股指的判断上，主要依据 K 线的形态与 3 根均线的配合使用，即 5 日、10 日和 30 日 3 根均线。没错，我是先判断大盘，然后再精选个股，顺势而为嘛。

问题 8：做股票，很多人非常关注基本面信息的变化，您是否也是如此？在具体交易时，您以基本面分析为主，还是技术分析为主？

葛云华：历史的经验告诉我，做股票和期货都必须得以技术分析为主。我认为一切的基本面信息都可以在技术上体现出来，能不能识别就看你的技术水平到不到家了。

问题 9：您在股市有多年经验优势，有对股指出色判断的优势，请问您有没有操作股指期货？您觉得股指期货和现货的波动节奏是否有所不同？

葛云华：现在有在做股指期货，它是我在金融领域最擅长的一个市场，如果你给我一个亿，一年我能帮你创造至少 10 个亿的财富。**我个人认为股指期货的走势基本是现货的一个翻版**，若持有不同的观点，我想他们可能看的是日内的分时走势吧，如果你看日 K 线的一段趋势的话，那就一目了然了。

问题 10：您在商品期货主要做哪几个品种？一般一个品种仓位多少？整个账户仓位多少？有没有加减仓的习惯？

葛云华：我一般比较喜欢做熟悉的品种，如锌、塑料、棕榈油，**跟大多数投资者比起来，我可能有点儿另类吧，因为我比较喜欢把资金集中在一个品种上操作**，这样进出比较方便。如果持有过多的品种，就会使我的注意力分散，我觉得一个人没有那么多的精力去关注那么多的品种。**仓位一般在八成至满仓。如果市场证明我的开仓是对的，通常在其回抽至 30 日均线附近的时候我会加仓**，如果判断出错，则全部平掉。

问题11：您以前是在宝钢工作的，对钢材应该特别熟悉，请问您螺纹钢期货的操作会不会比其他品种收益更好一些？

葛云华：呵呵，这个也不一定。其实我螺纹钢操作得比较少，**我对所有品种都是同等对待，没有感情色彩**。技术上符合我要求时，我就开仓。反之，我就空仓观望。

问题12：期货交易风险和股票交易风险相比，哪个更大？投资者应该如何看待期市和股市的风险以及两种风险的不同之处？

葛云华：**我觉得期货的交易风险比股票大多了**。经常有人说：期货可以使你一夜暴富，也可以让你顷刻间输得精光。从这句话中你就可以看出期货的风险有多大？它由于是高杠杆、双向交易、保证金制度，从而使其具备了高风险、高收益的特点。所以在踏入期市之前，一定要慎之又慎。至于股票我个人不觉得它有何风险，只要你不是在历史的最高位或很高的股价追进的话，总有一天它会上来的，可能是我在股市中过于自信了吧。呵呵！

在此我以一句话与大家共勉吧，业精于勤，荒于嬉；行成于思，毁于随。

问题13：有不少投资者认为，期货的盈利能力比股票强，对此您怎么看？

葛云华：呵呵，这个我认同。**因为期货是有杠杆的，在同样赚的前提下，那肯定要比股票赚得更多**。如果你想追求高的收益，那不妨来尝试一下做做期货。

问题14：您是趋势交易者，请问您如何定义趋势？

葛云华：**趋势分大趋势和小趋势，你也可以把它理解为波段**。比如说铜在2009年初从2万多涨到2011年的接近8万，这是一波大的趋势，它走了一个大3浪的形态，第1浪从2万多涨到了6万多，第3浪是从5万涨到了接近8万，但是其中还穿插了无数个小的波段，每一次跌破30日均线，即为一个小波段的结束，通常我都是这么来定义的。

问题15：您追逐哪个级别的趋势？用什么方法、什么技术、什么指标或图形来确定趋势方向、识别趋势发展阶段？

葛云华：我一般做小级别的趋势，通过K线形态的组合与3根均线的配合使用。比如说铜在2009年初，之前在30日均线的下方经过了很长一段时间的下跌，此时你只要观察它哪天上涨能打穿一段时期以来的下降通道的上轨，若出现了这样的情况，一般就可以定义为一波小趋势的诞生，而它的上涨应该可以打到30日均线附近或更高。反之，则就意味着一波小趋势的结束。当然这只是相对而言，具体情况还要具体分析。

问题16：您一般会在趋势发展的哪个阶段进场，哪个阶段出场？

葛云华：接上一题所述，**当价格上涨打穿一段时期以来的下降通道的上轨时，可以立马开仓跟进。反之，则平仓了结。**

问题17：在您的理解中，还有没有更好的进出场方法？

葛云华：这个问题我一直在思考中，不过我目前的境界就只能停留在这个地步了。呵呵。

问题18：和趋势交易者相比，有些反趋势交易者有时能够买到或卖到更好的点位，您怎么看待反趋势的交易方法？

葛云华：我觉得不管是哪种方法，只要是通过自己的勤奋与努力研究出一套适合于自身特点的交易方法，就是一套好方法。

问题19：您主要做中短线波段，有没有研究过日内短线和中长线？您觉得日内短线、波段、中长线这三种趋势各自的优缺点是怎样的？分别适合哪些类型的投资者？

葛云华：研究过。我觉得中长线太长了，不适合我的性格。对于那些上班族，平时没有过多的时间来看盘，比较喜欢追求稳定收益的，做做中长线还是不错的，但仓位必须要偏轻，最好不要超过30%，**但它有一个弊端，就是要来回坐电梯**。日内短线我觉得过于激进了点儿，适合那些急性子、难耐寂寞的人，但**频繁的操作将会大大增加失误的概率**，一旦失误增多，将会造成心态上的起伏，进而影响投资收益。另外做日内短线必然要看分时走势，我个人对于这种分时走势不是很适应，觉得它变数实在太大了，不像波段那么好把控，所以**我个人还是喜好做中短线的波段，也适合我的性格**。

问题20：您在第三届蓝海密剑(2010～2011)期货实盘大赛第三季中以110.81%的收益率获得第二名，请问，在参赛时您的交易和平常的操作是否有所不同？比赛会不会更有激情？比赛中会不会受更多干扰？

葛云华：**参赛时会更加地激进一点儿，喜欢在比赛中你追我赶的那种氛围**。富有激情，会激发出自己的斗志。至于干扰我倒不觉得有。

问题21：在比赛中，您的网络昵称是"在水一方"，请问为什么叫这个名字？有什么渊源或含义吗？

葛云华：取在水一方这个名，是想给人以一种大方、诗意的感觉，并没有什么特别的含意。呵呵。

问题22：做期货，上海人大赚大亏的少，浙江大赚大亏的多，您感觉主要是什么原因造成的？您如何看待投资中的大起大落？

葛云华：可能是由于两地人的性格差异所造成的吧。**大赚，我**

觉得一是有运气的成分，二是通过自己的刻苦钻研，不断地学习总结前人成功的方法所得来的回报吧。大亏，我觉得主要还是缺少总结失败的经验教训吧。

问题23：长三角期货高手云集，您有没有经常和其他高手沟通交流？您最欣赏的是哪位或哪几位？为什么？

葛云华：有，但这样的机会不多。**特别欣赏李永强、高兵、郑加华**。李永强与高兵都曾经创造过期市的神话，而且他们将资金曲线图的回撤控制的相当出色，这一点让我甚是佩服。郑加华是我见到的为数不多大资金满仓博弈的选手，有胆识、有魄力，呵呵！

问题24：您现在专职做金融投资，恰逢期货资产管理蓬勃发展之始，您对自己在期货市场下一步的目标是否有所规划？

葛云华：我想每个人做期货都会有梦想、有目标。在刚做股票的时候，经常听人说**做期货做得好可以很快做成亿万富豪，当然也可以让亿万富豪输得精光，我不想做后者，我想做前者**。我希望在未来我能依靠股市、融资融券、期市向世界财富之巅发起挑战，来完成与师傅最终的约定。加油——葛云华！

问题25：您爱踢足球，您在球场上一般打哪一个位置？您觉得踢足球和做期货是否有相通之处？

葛云华：呵呵。踢足球是我的一个兴趣爱好，一般喜欢打中场吧。中场是整支球队的灵魂，失去了中场，前锋得不到支援，对对方球门形成不了威胁，那对方就可以大胆地投入进攻。**一支只有防守没有进攻的球队，你觉得还会赢球吗?**就像做期货一样，如果你只考虑收益，不考虑风险，那失败的概率将会大大的增加。

李飞：市场对要跟随，市场错更要跟随

(2012年5月15日　沈良整理)

李飞：网络昵称"小李飞刀"、"eprc"。

曾在证券公司工作过一年，在大学教过3年书。

1997年开始做股票，2003年开始做期货，期间做过权证、外盘。现在主要做股指期货。

做期货以波段加中长线交易为主，做系统化客观交易。

第三届(2010~2011)蓝海密剑年度预备役收益率第一名，收益率326%。

访谈精彩语录：

这是一个接近完全自由竞争的市场。

这是一个相对来说仅靠个人奋斗就可以成功的领域。

以下几种类型的人容易取得成功：(1)大智若愚的人；(2)智商中等、具有极强的纪律性和计划性的人；(3)赌性极强却懂得适时收手的人；(4)坚持系统化交易的人。

期货是最适合专业投资者交易的投资类型。

外盘和国内波动不太相同。

国内股市走势具有连续性，不容易受外围市场的影响，不会有太多的跳空缺口，其趋势性更有利于交易。

期权更适合机构交易者使用。

要有自己的资金管理策略，要有一个能够长期盈利的交易系统，要有坚定的执行力。

两个系统分别运行，用于烫平资金曲线。

我的交易系统是基于市场价格本身设计的一个趋势跟踪交易系统。

我认为坚持系统化交易，一致性是必须的。

世界上不存在长期有效的系统，都会失效的，但我也不建议经常地完善和优化系统。

我做系统交易不考虑基本面，也不会因为任何外部信息而改变策略，市场走势已经包含了一切。

市场对要跟随，市场错更要跟随。

个人觉得总的仓位控制在35%以下是个比较好的选择。最大回撤也不要超过30%。

资金管理在交易成功中占到50%、心态30%、交易系统10%、运气10%。

一个好的系统+差的资金管理=坏心态+最终亏损或者在成功前放弃。

一个一般的系统+好的资金管理=平和的心态+长期稳定盈利。

做期货交易可以看一些佛学书籍，可以帮助交易者开示智慧，平和心态。

期货类书籍可以看看期货交易策略和系统交易方面的，最好看国外的。

坚持系统化交易，实现资金的稳定、快速增长。

如果机缘合适，希望成立自己管理运作的期货基金。

问题1：李飞先生您好，感谢您在百忙之中接受期货中国网和东航金融的联合专访。您之前是在大学里教书的，后来为什么放弃教书育人的职业，从事了投机的金融交易？金融投资哪些方面的魅力吸引了您？

李飞：一直对投资比较有兴趣。从事了一段时间的教学工作后，还是觉得投资是最适合自己的事业，因此决定做期货投资。另一方面做期货投资也是为了实现财务自由。

金融投资最吸引我的就是：这是一个接近完全自由竞争的市场。在这个市场中不用考虑过多的琐事和繁务，更多的是只需要专注于市场本身。只要坚持自己设定的交易策略和资金管理体系，**这是一个相对来说仅靠个人奋斗就可以成功的领域**。我也很享受这种投资的过程。

问题2：您觉得什么类型的人适合专职做期货？什么类型的人适合兼职做期货？

李飞：期货投资对个人素质和专业技巧都要求很高，所以**我个人认为兼职做期货不是一个好的选择**。

对于专职做期货的人来说，可能有**以下几种类型的人容易取得成功：**

(1)**大智若愚的人**。这种人具有大智慧和大忍耐力，同时面对风险能够保持平淡、从容的心态，对待盈亏都不太执著。他们做期货能够把握大趋势，同时能够坚持持有有利头寸。这类人是人类中的极少数，做期货或者其他别的事业成功的可能性都很高。

(2)**智商中等、具有极强的纪律性和计划性的人**。比如军人等。他们的纪律性很强，对市场也有敬畏之心，一旦犯错能够果断执行止损，同时也能够按照事前制订的计划一直持有有利的头寸。他们一旦在市场中找到适合自己的方法就会坚持。长期来看，这类人的成功概率也不错。

(3)**赌性极强却懂得适时收手的人**。这类人对市场形势比较敏锐，敢于重仓博单边行情，如果懂得激流勇退，在适当的时候收手，这种类型的人也有较大的成功机会。

(4)**坚持系统化交易的人**。这类人完全放弃自我对市场的认知，也放弃外部世界对市场的看法(这其中就指放弃技术分析和基本面分析)，而是完全的依靠内生于市场的交易系统来对市场走向自行判断和交易。如果能够基于市场建立一个长期稳定获利的交易系统，再配合严格的资金管理策略，并坚持执行交易系统的每一个指令，个人认为这是成功概率最高的一种类型。

问题3：您之前做过股票、权证，请问就您自身参与的感受来看，股票、期货、权证这三者的主要差别有哪些？就您操作的效果来看，哪一种最容易盈利？哪一种最难盈利？

李飞：一般来说，投资的难易程度与该投资的预期收益成正比。不过也要因人而异。

个人觉得由于国内股票不能做T+0，导致股票当日买进后就算想认输都不行，其操作性不如期货。权证、期权类产品限制性太多，参与者少，流动性较差。**综合来看，期货是最适合专业投资者交易的投资类型。**

问题4：您还做过外盘，您觉得外盘的波动特性和内盘相比是否有所不同？您外盘的交易手法和内盘是否雷同？

李飞：外盘和国内波动不太相同。

外盘交易时间较长，因此波动具有连续性。同时当日分时周期的波动往往比较频繁，对于多空双方都有机会。而且由于**外盘手续费较低，所以非常适合做当日冲销。**

内盘由于交易时间较短，同时国内没有大宗商品的全球定价权，所以开盘后往往会形成跳空缺口（有时甚至是大幅的跳空缺口），但当日的波动幅度反而会变小。所以**内盘适合做较长周期的趋势性交易。**

问题5：您现在主要做股指期货，少做商品期货，为什么？

李飞：商品期货原来是我交易的重点，现在的重点则是股指期货。原因主要有三个方面，一是商品期货已经开始进入熊市初期。但是由于全球范围内的货币超发，造成商品价格的下跌很不流畅，无法形成可以把握的趋势性行情。而股市经过55个月的长期调整后，已经开始有走出熊市，再现牛市的征兆。二是**国内股市走势具有连续性，不容易受外围市场的影响，不会有太多的跳空缺口，其趋势性更有利于交易。**最后，股市上涨理论上盈利空间更大。

问题6：和股指期货同样属于金融期货的国债期货有望今年上

市，您是否有关注？将来是否会参与？

李飞：有关注。看了一些相关资料。

不会参与。我不太熟悉国债期货，也没有足够的国债期货历史数据来测试自己的交易系统是否可用于这个品种。

问题7：股指期权也有望在今明两年内上市，这是中国期货市场更大的创新举动，您之前做过权证，权证和期权有一定的相似性，请问您对期权是否了解？您觉得期权的最大特征是什么？期权是否适合普通投资者参与？

李飞：期权专业性太强，对于普通投资者来说不太合适。

期权更适合机构交易者使用。机构投资者仓位较重，可以利用期权来对冲手里的股票或者股指期货仓位，从而锁定盈利或规避风险。如果行情异常火爆，无法买到或者卖出足够的仓位的时候，期权也是很好的补充持仓品种。

问题8：股指期权上市后，可以和股指期货结合着做，也可以通过金融工程设计相关产品，在这方面您是否有所打算？

李飞：如果今后设立基金，可以使用期权对股指进行对冲，是不错的避险工具。

如果今后期权市场的流动性较好，也可以使用期权、股指期货等工具设计一些套利产品。

问题9：您刚做期货时，曾爆过一次仓，当时爆仓的主要原因是什么？您从中学到了什么？

李飞：主要是仓位较重，当行情对自己不利的时候，就会出现较大的亏损，自己又**不肯认输止损**，而是死扛亏损，甚至逆势加仓，最后导致爆仓。

经验就是一定要有自己的资金管理策略，这可以保证自己持有合理的仓位，从而把亏损控制在自己能够承受的范围内。**还要有一个能够长期盈利的交易系统**，这个系统可以自动指示你进场和出场，帮助你根据信号明确止损。**最后要有坚定的执行力**，当然这是建立在前两个的基础之上的。

问题10：您做期货做的是波段+中长线，这是两套不同方法的组合运用，还是一套方法两个周期的运用？

李飞：不同的系统在不同的周期上的运用。**两个系统分别运行，用于烫平资金曲线**，减少资金曲线的回撤幅度。

问题11：您做交易用系统化交易、客观交易的方法，有自己的交易系统，请您简要介绍一下您的交易系统的特点、优点和缺点？

李飞：**我的交易系统是基于市场价格本身设计的一个趋势跟踪交易系统**。我的系统最大的优点是能够及时捕捉到市场的趋势性行情并持有；缺点是行情进入震荡时，其成功性会降低，造成资金收益曲线回撤。因此使用系统交易必须配合资金管理策略，从而在**系统出现连续亏损时候，能够保证资金收益曲线的回撤控制在合理和可承受的幅度**。

问题12：请您谈谈系统化交易和主观交易的核心差别？您后来为什么选择了系统化交易？

李飞：简单地说，两者的核心差别表现是准确率。主观交易认为人的主观能动性可以发现市场的每个即时变化并战胜市场，从而获取收益。但在实际的操作过程中，人的主观判断由于受到外部世界和自身人性（贪婪和恐惧）以及身体状况的影响，其准确率会大幅下降。

系统化交易认为市场本身运行规律是人难以完全准确判断的。但可以通过对市场的学习，运用电脑等科技手段来设计交易系统模

拟跟踪市场，从而通过跟随市场获取收益。系统也不是每次交易都能获利，但由于系统本身是主动跟随市场运行的，它没有人性，不会出现身体不适或者被外界舆论、分析所干扰，因此在一定的时间段（几年时间）里，它的成功率会高于使用主观交易的平均准确率。当然随着市场的自身变化，如果系统不及时跟进进化，也会被市场淘汰。

问题 13：您的交易系统是相对固定的，还是随行情变化会改变策略或参数的？您觉得做系统化交易，"一致性强"一点儿更好，还是"灵活"一点儿更好？为什么？

李飞：固定的。**我认为坚持系统化交易，一致性是必须的**。如果资金收益曲线没有大幅度的回撤，其总体仍然是向上运行，就没有必要去修改策略和参数。过度地去干预系统交易，往往得不偿失。以静制动反而是更好的选择。

问题 14：您觉得一套交易系统是否需要经常地完善和优化？世界上是否存在长期有效的交易系统？

李飞：**前面已经谈到世界上不存在长期有效的系统，都会失效的，但我也不建议经常地完善和优化系统**。还是一个根本原则：以静制动，配合资金管理，观测资金收益曲线的运行来做微调。

其实对于一个系统交易者来说，只要系统能够稳定盈利几年时间，就已经可以帮助他创造足够的财富了。

问题 15：2011 年，很多做系统化交易的人收益率下降了甚至亏损了，您觉得主要原因是什么？

李飞：2011 年，**商品和股票市场都处于一个青黄不接的转换期**，商品在由牛转熊，股票在由熊转牛（指国内股票市场）。**受货币滥发的影响，其价格运行的趋势性、连续性都不强**。系统化交易主要是趋势性交易为主，所以出现亏损是正常的。这个时候就看谁的资金管理做得好，可以把损失控制在合理范围内，一旦趋势行情出现，谁的胜出几率就大。

问题 16：您做交易时，会不会受基本面信息的影响？会不会因为基本面信息的变化而改变交易策略？

李飞：我做系统交易不考虑基本面，也不会因为任何外部信息而改变策略，市场走势已经包含了一切。市场对要跟随，市场错更要跟随。

问题 17：您是否会做一些常规的技术分析来辅助交易系统的运行？为什么？

李飞：主要根据月线、年线周期和世界经济的大格局做一些长期的趋势性分析。毕竟交易系统跟踪的是市场的中短期趋势。涉及市场长期的趋势（几年到十几年）就不是交易系统能够发现的了。

问题 18：现在您在交易中，一般情况下仓位多大？最大的仓位会达到多少？一笔单子的止损一般如何设置？整个账户最大的回撤控制在什么范围？

李飞：仓位多少，如何止损是因人而异的。个人觉得总的仓位控制在 35% 以下是个比较好的选择。最大回撤也不要超过 30%。

问题 19：您如何看待资金管理在交易中的作用？您如何看待心态管理在交易中的作用？

李飞：资金管理在交易成功中占到 50%、心态 30%、交易系统 10%、运气 10%。

其实心态是最重要的。但好的心态是建立在好的系统和好的资金管理上的，所以只给了 30%。

一个好的系统 + 差的资金管理 = 坏心态 + 最终亏损或者在成功

前放弃；一个一般的系统＋好的资金管理＝平和的心态＋长期稳定盈利。

问题20：您在蓝海密剑的比赛中以326%的收益率获得了预备役年度第一名的好成绩，请问，在比赛中您是否会比平时更激进？为什么？

李飞：不会。我的最终追求是长期盈利，而不是比赛本身。

问题21：您在比赛中用"小李飞刀"的昵称，这是因为您的名字叫李飞呢，还是另有其他含义？

李飞：因为我喜欢古龙，正好他的作品里面有"小李飞刀"这个名字，这个名字又和我的名字"李飞"契合。

问题22：您还有个昵称叫"eprc"，更让人不知道是何意，请说说这个名字的由来？

李飞：原来有个网站叫8848，准备到美国上市，据说简称"eprc"。刚好我在注册网名，**感觉这个够生僻，不会有人和我抢，就拿来用了。**

问题23：2012年，您比赛的账户没怎么动单子，甚至还出金了，为什么？

李飞：资金到了另外一个账户比赛，叫做小李飞刀2号。账号是6001206。

问题24：2012年初，您曾以"eprc"的名义和"大头犬"在论坛上比实盘，引起众多围观、众多粉丝、众多口水，后来谁赢了？您们因何而战？在论坛上"裸战"的感觉如何？

李飞：他弃坛了。比赛不了了之。

问题25：据说您是麻将高手，曾多次战胜"麻坛大师"ST大豆，请问您打麻将是什么风格？在打麻将中，您更重视"赢钱"还是"牌品"？

李飞：四川人都喜欢打麻将。我打麻将以娱乐为主。

问题26：您喜欢看书，请问您平时主要看哪些方面的书？您觉得做期货应该看什么书，看哪些书？为什么？

李飞：历史、佛学、经济类较多。

做期货交易可以看一些佛学书籍，可以帮助交易者开示智慧，平和心态。期货类书籍可以看看期货交易策略和系统交易方面的，最好看国外的。

问题27：您还做收藏，您主要收藏哪些"宝贝"？近年来收藏品价值暴涨，您是否也大赚了一票？

李飞：邮票、金银币、紫檀之类的。都是个人兴趣喜好，实际价值一般。

问题28：最后，在期货资产管理逐步开始正规化和热门化的时代下，请您谈谈在期货市场的下一个目标？

李飞：坚持系统化交易，实现资金的稳定、快速增长。如果机缘合适，希望成立自己管理运作的期货基金。

INNOVA：
性格、态度决定做事的过程和特点

(2012年5月25日 沈良、李婷整理)

INNOVA：多年股票交易经验，三四年期货交易经验。只做黄金。

蓝海密剑期货实盘大赛优秀选手。

访谈精彩语录：
白银波动的规律和黄金有所区别，比较复杂。

没有把握的事情我基本上不会去做。

好不容易有不持仓的时候，当然得抓紧时间好好放松、调节一下。

纸币是一种信用货币，它反映的是国家层面的信用。

通胀是经济增长的一种副产品或者一种代价。

到目前为止，纸币还是有它存在的意义和价值。

长期来看，黄金基本上不大可能再次成为货币，它的货币属性会越来越弱。

定价权本身是作为一个国家政治、经济以及科技的综合实力，并把这些综合实力作为一种底气，而泛生出的一种某个领域内的统治能力。这种统治能力必须体现出它要有一个重量级的追随群体。

我今年做下来之后，好像一半的损失都来自于法定长假。

必须要在当天这根 K 线确定之后,在次日的早上止损、止盈或者是减仓、加仓。

因为我进入行业也没有多长时间,操作手法和交易行为都是比较粗糙的。

资金大落的时候当然很悲伤,从现在来看也是成长必经的一个途径,应该说还是一件好事情。

每个人的性格、处事的态度决定了他做事的过程和特点,行事的方式会不一样。

资金管理和心态管理这两项都非常重要,它们的重要性根本不亚于技术分析或者操盘的技法。

在盘中可能会情绪化,只有在盘后才能做到心理的稳定或者是平静下来。

做事情的时候必须有一个独立的观点,有自己的一个看法,而且做出的决策也是依据现在独立的观点而来的。

"宏观事件"一年会发生很多,关键是能够找到与交易品种相关性高的宏观事件。

我个人始终是市场中比较弱势群体之中的一员,只是趋势的一个顺应者。

我现阶段主要还是一个生存的问题,能在市场中生存下来是有所发展的重要前提。

趋势对我来说是必然的,但是它什么时候发动,什么时候出现拐点,这个是随机的。

对我而言,低频交易还是一个王道。

不是所有的人都适合做日内,日内交易高手的反应会很快,一般人达不到。

我的交易方法是根据自己的性格量身定制的。

摔了一跤才知道自己缺钙或者哪里不好。

问题 1：INNOVA 先生您好，感谢您在百忙之中接受期货中国网和东航金融的联合专访。您做期货只做黄金，为什么对黄金情有独钟？

INNOVA：一开始并不是只做黄金，也做过很多品种，像油脂、金属都做过。但是做了 15 个月之后发现，**在所有的品种中，只有黄金的金融属性相对最强，几乎不受行业生产、库存数据的干扰**，全天有 24 小时是连续充分交易的。在这种情况下，我分析 K 线、形态就变得容易一点。同时黄金的趋势稳定性比较好，相对而言，它上升或下降的周期都比较长，所以会有一个稳定的预期。这些是主要的原因。

问题 2：现在白银期货也上市了，成交还比较活跃，您对白银期货有没有关注？会不会参与？

INNOVA：**白银上市之后我还没有参与过，现阶段应该不会考虑参与**。平时也非常关注白银，但只是作为贵金属来关注而已。**它波动的规律和黄金有所区别，比较复杂**。有时候它跟着黄金走，有时候跟着石油、铜之类的走。所以白银的相关性有时候具有阶段性的不确定性，这个我就把握不了了。所以一般而言不会参与。

问题 3：您只做黄金，当您看到其他品种有交易机会时，心里怎么想的？

INNOVA：心痒有时候不可避免。因为人贪婪的欲望，总会在某些情况下发生。但即使是其他品种出现比较明显的行情，我也只是在盘后去看，盘中不会看，所以也不会去参与其他品种的交易。

因为对于这些品种根本就不熟悉。**没有把握的事情我基本上不会去做**。其实盯盘的时候也就盯着黄金以及外盘的几个主要品种，或者是美元指数这些，其他的不太会参与。

问题4：当黄金较长时间没有交易机会时，您会休息吗？还是做点儿其他什么事情？

INNOVA：会的。因为没有行情其实也就没有交易机会，也就不用去白白浪费时间，这段时间可以做一些放松的事情。比如说多睡一会儿，平时在家多做做家务，再有时间就出去游泳、旅游。平时持仓的时候会很紧张，尤其到夜盘的时候，波动非常大，心也跟着剧烈地跳动。**好不容易有不持仓的时候，当然得抓紧时间好好放松、调节一下**，还是蛮重要的。

问题5：您做黄金期货，有没有同时参与黄金现货投资或黄金现货电子盘交易或黄金外盘交易？为什么？

INNOVA：我现在基本不参与。像纽约、伦敦这些外盘的实盘从来不做，最多做一下伦敦金的模拟盘，感觉一下高杠杆的气氛，但是其他的基本不会看。外盘一般都24小时交易，包括国内的T+D都有夜盘，这样会太累。如果做到晚上12点以后，损失了睡觉的时间，最后的结果也不一定好到哪去。

问题6：相对纸币的"不诚实"，黄金的"品质"相对可靠，您如何看待当今世界的"无锚货币"——纸币？

INNOVA：**纸币是一种信用货币，它反映的是国家层面的信用**。它毕竟是货币当局管理的，所以必定会受到货币当局以及整个政府对当前经济形势的一个预期的影响，并且对这个预期会采取不同的经济政策，包括货币政策。**作为纸币通常会和通胀联系在一起，这是不可避免的。这**和经济增长，以及作为人不断膨胀的欲望是必然联系在一起的。这也是经济增长的一种副产品或者一种代价吧。长期来看完全不可能避免，虽然有时候会有通胀，有时候会通缩，但是通胀长期来看肯定远远超过通缩的概率或者幅度，所以货币贬值是不可避免的。但是纸币因为便于流通，长时间内还是会存在的。

问题7：您觉得纸币会不会走向终结？黄金没有可能再次成为货币之王？

INNOVA：到目前为止，纸币还是有它存在的意义和价值。黄金以前可能作为各个国家的流通货币，但是现在黄金储量作为一种资源，它是有限的。如果作为货币必须有价值以及能够衡量购买力量。我们的GDP、人类的生产能力是不断扩大的，这两者之间的差距会越来越大。**长期来看，黄金基本上不大可能再次成为货币，它的货币属性会越来越弱。**

问题8：您专注做黄金，对黄金的价格涨跌及其影响因素想必很有研究，请问影响黄金价格波动的主要因素有哪些？

INNOVA：这个因素主要分两方面：一个是基本面；另外一个技术面。**技术面主要也是平时关注的K线和均线；基本面主要关注的是与黄金关联度比较大、敏感度比较高的信息。**美国联储每一个半月公布一次的利率决议以及它的政策声明与经济展望。这个很重要，它的意义已经远远超过非农就业这些数据。其次就是每个月一次的非农就业数据，还有就是美元指数、石油的一个走势，它们对黄金的影响还是蛮高的。

还有一点比较重要的是我要观察一下整个市场，**最近一个阶段市场对黄金的态度，**它是一个阶段性的态度。市场对黄金是否是一个避险的偏好，还是一种普通商品属性所产生的效应，就类似于普通的商品如石油之类的。有时候黄金和石油的关联度比较大，有时候则可能是反向，主要就是这些因素。

问题 9：中国在黄金方面缺乏定价权，价格总是跟着国际价格走，您如何看待这一现象？

INNOVA：这个不仅是作为黄金来说，大宗商品都会产生这个问题。包括我们的铜和铁矿石都会有这样的问题。**定价权本身是作为一个国家政治、经济以及科技的综合实力，并把这些综合实力作为一种底气，而伴生出的一种某个领域内的统治能力。这种统治能力必须体现出它要有一个重量级的追随群体**。从国家层面来说就是有点儿像国家层面的气场以及国家行为的震慑力，有没有其他国家纷纷效仿或者跟随。

还有另外一个因素在其中。亚洲盘的限制比较大，一天 24 小时的交易时间主要分三个时段。第一个就是亚洲时段，第二个是欧洲时段，第三个才是美国盘。美国盘最后的收盘价也就是当天最后的收盘价，它是三个时段中的最后一个时段，所以它的收盘价就直接决定了当天 24 小时里最后的定价。从整个时区的方面来说，它好像也是得天独厚，除非把美国作为第一个时段，亚洲作为最后一个时段。对于充分交易电子盘的商品交易而言，好像也只能这样（以美国时段为收盘价）。

问题 10：中国黄金期货受外盘隔夜影响很大，有人说上期所的黄金是影子市场，几乎每天都跳空，而盘中的波动反而不大，这对您的交易会不会产生负面影响？

INNOVA：一定会有影响，而且影响会很大。平时还可以理解，影响最大的还是法定长假，不管是小长假还是大长假。**我今年做下来之后，好像一半的损失都来自于法定长假**。到最后我都不敢在长假持仓。

期货中国：那您会不会在国内假日期间参与外盘黄金交易呢？

INNOVA：其实好不容易有休息的时间，为什么还要把自己拖入另一个加时赛呢？当然，长假期间国内持仓的风险还是挺大的，现在还是主要通过减少持仓来减少这方面的风险，别让自己过长假的时候过得不舒坦。

问题11：您做交易，技术分析、基本面分析都用，两者在分析和决策过程中，各占多少比重？具体交易中，技术分析和基本面分析怎么结合使用？

INNOVA：主要是分两种情况：一种是波段性的行情，也就是震荡市；一种是长期趋势市场，也就是单边走势。**在震荡市里技术占的比重比较高，至少占80%以上；在趋势交易里面，技术可能占一半都不到，基本面体现的比较重要。**

如果单边势的话，我不会再做任何交易，放进去就一路持有。主要关注基本面，技术面会看，只要不出现大的反向拐点，一般不会减仓，相对会比较稳定。波段的话主要还是看K线和均线、压力以及支撑这几个方面，会怀着比较谨慎的态度操作，不会一直持有到底，那样风险会比较大。

问题12：您所谓的技术分析主要是指怎样的分析手法？

INNOVA：其实也是蛮普通的技术分析。无非包括各个重要周期的K线形态以及均线和K线之间的关系、压力和阻力位等，也就是这些。做黄金的技术分析我还要做一些美元和石油的技术分析来配合，看看它们之间是不是有吻合点。如果产生共振，仓位会加一点儿，这种情况毕竟少，好不容易出现一次得抓住机会。大多数情况，如果黄金和美元、原油比较矛盾或不一致的话，我都会控制一下仓位。

问题 13：您的技术分析是否包含了明确的进场、出场点位？是否包含了加仓、减仓设计？是否包含了止盈、止损设计？

INNOVA：因为我本人基本不做日内交易，除非手很痒，稍微弄一手两手做。从主要的操作上来说，我不太会在一天之内设止损、止盈。我所谓的止损、止盈，**必须要在当天这根K线确定之后，在次日的早上止损、止盈或者是减仓、加仓**。这个确定主要是指美国盘结束之后再来决定。对于我专门做隔夜的来说，有时候损失会比较大，这是我的主要风险。

问题 14：您觉得自己的交易方法是否是一套成体系的交易系统？

INNOVA：我做职业期货操盘其实没多久，也就从2011年9月份开始，一年都不到。职业操盘之后我才逐渐开始摸索，逐渐成型，体系也是在不断完善，并根据实际情况以及自己出现的一些问题、教训总结出来。**现在交易系统肯定还不成熟，需要进一步完善**。从交易系统的整个原理来说，主要还是按照自上而下的原则，确定行情的属性。所谓自上而下就是从大周期到小周期来确定我现在所处行情的阶段，然后再进行进一步的细节性分析。

问题 15：看了您在大赛中的资金曲线，大为佩服，您能在20天左右时间赚三四倍。您觉得自己能在短时间内大赢的主要原因是什么？

INNOVA：这个应该是2011年七八月份的行情。这一波行情本来就是在我的预期之中，操盘计划都是有准备的。然后持有的仓位比例也相对比较高，行情走得也比较快，时间短、幅度也大。

问题 16：另外，您也曾在一个多月时间里亏70%，也让我捏了一把汗，您觉得自己在短期内亏损较大的主要原因是什么？

INNOVA：因为我进入行业也没有多长时间，操作手法和交易行为都是比较粗糙的。当时对于一些细节性的分析技术与能力根本就不具备，行情研判的经验也相当缺乏。我从真正开始做黄金到现在也就两年不到，是 2010 年的 9 月份开始。当时也还在工作，那个时间不允许我花太多的时间去总结或者去研判，所以整个过程就非常粗糙。

问题 17：近半年多时间，您的资金曲线似乎不像以前那样大起大落，而是震荡上行，这是行情原因导致的还是您操作手法有所变化？

INNOVA：应该说都有关系。一方面从行情来说，这半年都处在震荡市当中，不确定因素比较大。另一方面从我的操作手法上来说，我也让自己的操作风格逐渐变得更稳健一点儿。持仓的目的性相对于以前来说更强。在震荡行情当中不可能像以前一样持有到底。这两方面相对于以前来说都发生了比较大的变化，所以导致了现在的这种现象。

问题 18：您如何看待期货盈亏的大起大落？您自己如何承受这种大起大落？

INNOVA：作为一个期货操盘手，初期也是通过不断地摔打、磨炼，通过失败与教训，才有可能发现一些问题。自己以前可能根本就没有注意到。**发现问题，才能解决问题，才有了进步、改进、完善的方向。**

资金大落的时候当然很悲伤，从现在来看也是成长必经的一个途径，应该说还是一件好事情。关键是大落的时候，自己的心理要能够承受。对我来说，我可能会暂时先空仓一段时间，出去散散心。

问题 19：您觉得做期货必须经历大起大落才能走向成功呢，还是稳步前进也能成功？

INNOVA：这都是通向成功的路，只是路不一样而已，"条条大路通罗马"。**每个人的性格、处事的态度决定了他做事的过程和特点，行事的方式会不一样**。但是如果能够稳扎稳打，能够从教训和阴影当中走出来，把失败和教训作为自己通向成功的台阶，实际上最后的结果都是一样的。

问题 20：除了分析能力和交易手法，您如何看待资金管理和心态管理在期货交易中的作用？

INNOVA：**资金管理和心态管理这两项都非常重要，它们的重要性根本不亚于技术分析或者操盘的技法，对我来说是成败的关键，缺一不可**。其中最难的还是人的心理和贪欲的控制。这也是我做隔夜交易的原因。**因为在盘中可能会情绪化，只有在盘后才能做到心理的稳定或者是平静下来**。做投资必须要理性，我所有的投资决策都是在盘后做的，非交易时段做出来的。所以能保证心理状况都处于一个平稳的状态，做出的投资决策都是理性的。开盘之后，我也只是执行我之前的交易计划，执行完了就不看了。

问题 21：您非比赛账户的操作和比赛账户的操作是否相同？您在比赛中是否充满激情？

INNOVA：我没有非比赛账户，比赛账户就是我唯一账户，没有第二个期货账户。这就是我的全部，我的风格也全都融入在里面。

问题 22：您比赛的昵称"innova"，这几个英文字母的组合是什么意思？为什么取这个名字？

INNOVA：可能和我本身的性格有一点儿关系。这串英文字母其实就是一个英文单词 Innovative 的前缀。其实它和 creative 是差不多的。就是创造性地做一些事情、看一些事情，然后用创造性的方式和方法去解决眼前的问题。**做事情的时候必须有一个独立的观点，有自己的一个看法，而且做出的决策也是依据现在独立的观点而来的。**

问题 23：有人说您对"宏观事件"的把握特别准，能在关键的机会来临时重仓出击黄金，您怎么去判断一个宏观事件的重要性，以及这个宏观事件对黄金价格涨跌的影响？

INNOVA：**"宏观事件"一年会发生很多，关键是能够找到与交易品种相关性高的宏观事件**。举 2011 年这波行情的例子。这波行情的起点就是围绕着美国国债的信誉评级下调这一事件以及财政赤字上限的问题。以前我也是极少能够听到这些新闻，这些新闻一方面吸引眼球，一方面对于人的心理预期会造成比较大的冲击。这种情况下，从避险的角度来说，黄金应该会受追捧，我当时就觉得机会可能来了，那波行情也在我的预期中，我会更相信有这波行情的存在，所以我就重仓出击。

问题 24：由于您对"宏观事件"的把握特别准，甚至有人说您"具备了索罗斯的风范"，对此您怎么看？

INNOVA：总的来看，差距还是非常之大的。**我个人始终是市场中比较弱势群体之中的一员，只是趋势的一个顺应者。索罗斯则是属于市场趋势的创造者**，这本身有本质性巨大的不同。

问题 25：最后，请您谈谈您在期货市场的下一个目标？

INNOVA：我个人而言，市场博弈的道路每一寸都是相当坎坷，可以说无时无刻不坎坷。对我来说，想要在这个市场长期生存下去，必须要增强对市场的适应能力，我转入专职的时间并不长，自己还是比较稚嫩，因此基础一定要扎实才行。**我现阶段主要还是一个生存的问题，能在市场中生存下来是有所发展的重要前提**。确保在这个前提之下，然后再通过风格逐步地形成、成熟，交易系统的完善，随机而动，让自己不断成长。对于投资的领域，虽然现阶段的市场可投的品种会越来越多，听说鸡蛋都要上市了。但是对我来说，可能还是在局部的、不大的范围内去选择我自己的一个操作策略或者投资的机会。人的精力一天也就 24 小时，还要睡觉和生活，我觉得如果能够把一个品种做好了，已经是一件很了不起的事情了。如果还能做其他的事情当然更好，前提是把一件事情先做好，其他的事情以后再看。

后记：

INNOVA：前面提到的我在一个月的时间里面跌了 70%，后来我算了不止 70%，从上面到下面的落差都达到 90% 左右。当时冲击很大，净值从 7 左右一下子跌到 1 附近，比我上来还快。后来想想也就是这样，上的时候翻了一倍，100%，不得了，下了 50% 就回到了原点。跌 70% 的时候，需要翻两三倍才能回到上一回的原点。当时根本就意识不到，只觉得是机会，没有看到风险。

期货中国：从现在世界的经济以及欧债和各方面的情况看，我觉得处在这样的一个时代，黄金的机会比较大。

INNOVA：其实机会再大也有一个波动周期，到了时辰之后，也得凌迟处死。**趋势对我来说是必然的，但是它什么时候发动，什么时候出现拐点，这个是随机的**。比如一天是 3% 的大阳线，但是你怎么能知道它是在哪个时段出现的？它在亚洲时段出现都有可能，这些不确定性因素太大了。

期货中国：判断行情的方向可能判断对了，但是行情路径的演绎方式有很多种，而且演绎的方式一直在变化。

INNOVA：做日K线相对稳定一点儿，做日内的话实在受不了。

期货中国：其实我个人的交易方法跟您差不多，我完全是系统化交易。先找出适合做的品种，然后只看日K线，其他不看。只做看得懂的形态，K线形态有很多种，但是我只做其中几种形态。

INNOVA：如果这样的话也就够了，别人可能忙里忙外还不如你。

期货中国：这一波PTA的下跌就做了一些。

INNOVA：那还可以，如果能够充分利用，其实也蛮厉害的。说穿了，**对我而言，低频交易还是一个王道。不是所有的人都适合做日内，日内交易高手的反应会很快，一般人达不到**。而且他们有时候运用系统化，利用对计算机程序的控制，达到一个临界点之后，自动处理，都有这个可能。对我来说条件也很有限，只能通过人工的肉眼判断来做出决策。

期货中国：我觉得您的性格比较适合您现在的交易方式。

INNOVA：**我的交易方法是根据自己的性格量身定制的**。以前做铜，前15个月都亏得很厉害。最后发现很有趣，比如我投了10万，最后只剩下5万，我发现自己支付出去的手续费就有5万，也就是说做来做去都是零，最后亏的部分就是手续费，忙里忙外，到头来是给交易所和期货公司打工，对我来说这样就根本没必要。当时做铜之类的，涨停板、跌停板都有做过，而且都是盈利的，但最后的毛利是打平，净亏是手续费。

期货中国：在这个市场如果能找到一个方法和自己的性格共振，我觉得这就很幸运了。

INNOVA：这些都是从教训中总结出来的，也就是花钱买教训。**摔了一跤才知道自己缺钙或者哪里不好**。只能通过这样的方式找出问题，才能避免。真正能付出很少代价而取得成功的，毕竟是极少之极少。

期货中国：可能个别人是有天赋的，做做就起来了。

INNOVA：这需要磨炼，其实绝大多数人还是要通过磨炼取得的。

于海飞：控制风险的最好办法是有储备金

(2012年6月5日 沈良整理)

于海飞：期货交易高手，擅长中长线交易。

2009年《都市快报》实盘大赛第一期冠军，第二期/第四期亚军；2010年《都市快报》实盘大赛第三期冠军，2010年《都市快报》实盘大赛年度季军；2011年《都市快报》实盘大赛50万组年度半年度亚军、季军。2011年"建行乐当家杯"兴业期货实盘大赛大师组亚军。

第三届(2010～2011)蓝海密剑期货实盘大赛中校晋衔奖。

访谈精彩语录：

与时俱进，辩证地看行情发展，才能超越普通散户，获取超过市场平均水平的收益。

不要老想着一夜暴发，也不要用全部资产去追求短期间几倍、几十倍的收益。

我是做价值投资为主的，所以在商品低估或者高估的时候会进行反向操作。

与赢家在一起交流得到的磁场是积极的。

当资金比较大了以后，盈利额比盈利率更加重要。

轻仓交易风格可以参加周期长一些的比赛，激进风格的可以参加周期为几个月的比赛。

记住钱是你自己的，输了没有人会同情你。

交易就是自我否定的过程，行情总会一段时间让你的盈利模式失效，甚至让你失去信心。

我动摇过，困惑过，但我坚持了下来。

我不会盲目崇拜谁短时间暴利，抓住属于自己的行情就好。

我是主观交易型，"预先进场"多一些。

换品种不是我的强项，我喜欢一个品种做很长时间。

一个8年时间做到几亿的朋友告诉我，只有储蓄才是最可靠的，分散投资弄不好是屋漏偏逢阴天雨。

利润拿出去备用，作为遇到灾难行情的准备金。

只要还在市场里待着，突发事件100%会碰到的。

有自己把握比较大的时候和难得的机遇时我倾向放手一博，所以一直使用较低杠杆不适合我。

创造神话的人没有几个人以善终收场。

不排斥大行情中用高杠杆提高绩效，机不可失，时不再来。但天天用满仓重仓肯定大错特错了。

我只有两种情况能赚大钱：一是价值低估，市场驱动向上；二是价值高估，市场驱动向下。

我没有本事大小通吃，也不想大小通吃。

如果哪天我重点持有的品种是龙头品种，那我就不客气了。

我最擅长的可能还是大的多空方向的把握。

大势对了，才不至于亏大钱，至于赚到多少，要看自己的修炼了。

一个一个过程总要经历的，当你都知道的时候，还是不够的，否则就无法理解为什么会有著名的失败。

期货是残酷的，总会找到人性的弱点消灭你。

现在就想把自己的资金做好，壮大实力，同时也使自己的交易更加合理。

我骨子里更倾向于山东著名农民和浓汤野人那种盈利模式，只是杠杆要比他们低一些。

推荐《十年一梦》、《股票作手回忆录》、《期货市场技术分析》。

问题1：于海飞先生您好，感谢您在百忙之中接受期货中国网和东航金融的联合专访。从2004年开始进入市场，您做股票和期货都是白手起家，如今已经取得不小的成绩和不错的收益。您觉得现在的股市和期市与您几年前白手起家时的市场相比，是否有所变化？要在如今的股市和期市白手起家，成功的概率是上升了还是下降了？

于海飞：我感觉是差不多，各个时期有各个时期的特点，如果找到契合这个特点的办法，盈利的方法还是很多的。**与时俱进，辩证地看行情发展，才能超越普通散户，获取超过市场平均水平的收益。**

问题2：您觉得一个能够在股市或期市白手起家的交易者，必须具备哪些方面的素质？

于海飞：学习、毅力、执著、坚持、抗挫折能力加上行情配合。

问题3：从白手起家到现在，在股市和期市里，您经历过艰难的坎坷和较大的起落，请问您如何看待自己投资生涯中的"坎坷"和"起落"？

于海飞：2008年之前感觉自己是股神，2008年神话一下子坍塌了，自己破产了，也被拉回到现实中来。这种经历是痛苦的，所以**现在我不会拿全部资金做期货，要给家庭足够的保障**，这是我现在必须考虑的问题。我希望坎坷少些，不要大落，步子走慢一些，走稳一些。

问题4：有人说投资者想要在期货市场取得成功，必须经历"大起大落"，想通过稳步提升的方式取得成功是不可能的。您是否认同这一观点？为什么？

于海飞：**大落不代表能大起**，破产、爆仓或者资产大幅缩水是非常痛苦的，所以有可能还是让自己的投资之路走的平坦些吧。例如降低仓位，降低操作频率等，**不要老想着一夜暴发，也不要用全部资产去追求短期间几倍、几十倍的收益，这样的想法有害无益**。

问题 5：您刚做期货时，有过抄底的动作，由此受过大伤也翻过几倍，您现在还会抄底或摸顶吗？您如何看待抄底摸顶的交易手法？

于海飞：我是做价值投资为主的，所以在商品低估或者高估的时候会进行反向操作。没有对与错，只是时机问题。目前的我，和几年前的操作抄底摸顶是不同的，对市场的认识不可同日而语。

问题 6：您参加过较多期货实盘大赛，并在大赛中获得很多荣誉，您曾说过"比赛对我的帮助是很大的"，请问参加大赛对您有哪些帮助？

于海飞：主要是鼓舞士气，另外交际的圈子发生变化，**与赢家在一起交流得到的磁场是积极的**。看到以前仰慕的对象，当你发现自己也可以做得那么好甚至超过他时，对信心是一种提升。

问题 7：有些参赛的选手，在某个阶段会大赚，而在另一个阶段则可能回撤很大，请问，我们应该如何看待一个选手在大赛中不同阶段成绩的迥然不同？

于海飞：比赛是有很大偶然性的，看你追求的是什么，是平稳的盈利还是一定要争个名次，这与人所处的阶段有关系。假如三年前我是大赛第十，就没有人会知道我是谁，相对会做得急功近利一些。**当资金比较大了以后，盈利额比盈利率更加重要**。这个阶段会追求稳定性，降低盈利率换取正收益。

问题 8：对一个参与期货市场三五年，有点儿交易经验的投资者来说，是否适合参加比赛？而对刚刚进入期货市场，几乎没有交易经验的投资者来说，是否适合参加比赛？

于海飞：比赛谁都可以参加，如果平时比较小心，**轻仓交易风格可以参加周期长一些的比赛，激进风格的可以参加周期为几个月的比赛。但比赛不是全部，记住钱是你自己的，输了没有人会同情你，量力而行，不要逞强超越自己的能力。**例如借钱去比赛或者用客户的钱承诺保本去参赛。我大约在2006年就干过用客户账户保本参加比赛这样事情，自己没钱还认为自己行，结果惨败，用了1年时间才还清亏损欠款。

问题9：您是做中长线交易的，中长线交易并非每天都有交易机会，甚至有时候较长时间都没有机会，那时您会不会对自己的交易模式产生动摇？您对做短线的蒋龙方、做波段的丁洪波都很熟悉，您有时候会不会羡慕他们的交易手法(似乎他们的手法更加灵活，能够抓住更多的交易机会)？

于海飞：**交易就是自我否定的过程，行情总会一段时间让你的盈利模式失效，甚至让你失去信心。我动摇过，困惑过，但我坚持了下来。**我知道自己的性格，知道自己能把握的核心能力，我不能分裂成短线风格的蒋龙方，也不能分裂成波段风格的丁洪波，我的本事是只要行情顺着我的方向，我就能拿得住，再有，不是长线单，我的成绩就不好。我想巴菲特是世界上最大的长线持仓者吧。

目前这阶段我不会盲目崇拜谁短时间暴利，抓住属于自己的行情就好。

问题10：假设进场和加仓手法分为"预先进场"、"突破跟进"和"回调跟进"三种，您使用最多的是哪一种或哪几种？为什么？

于海飞：我是主观交易型，"预先进场"多一些，"突破跟进"是完全技术型，而"回调跟进"的话，如果我没有做这个品种，当趋势出现时或许会少量参与。但**换品种不是我的强项，我喜**

欢一个品种做很长时间，这样对它的基本面和波动特性更熟悉一些。

问题 11：您更擅长操作几乎没有停顿和回调的流畅性趋势行情，还是走一段停顿一下或回调一下再前进的趋势行情呢？

于海飞：这个与我自身所处的阶段有关系。早期阶段开始本金投入少，需要盈利后逐步加仓，楼梯式趋势行情相对有利，震荡上涨或者震荡下跌提供了比较多的加仓机会，而顺畅行情相对来说加仓成本比较高，反而操作难度大。目前这阶段我一次投入的相对较多，流畅行情相对更容易把握，震荡行情则相对比较难受。

问题 12：您曾说过"在输的时候保存实力，赢的时候转移利润，这样就能不断生存下去"。请问您在输的时候如何保存实力？您在盈利达到本金多少比例时会转移利润，转移多少比例的利润，转移出去的利润用来做什么？

于海飞：保存实力就是不要把所有的资金都做期货，遇到灾难行情会破产的，投到期货市场的资金占总资金的20%～50%就够了，我不喜欢把闲余资金放在账户上面，我不能保证我不做进去。所以我认为储蓄是最保险的控制破产风险的办法，以前我会买些波动低的股票，其实风险也不小，现在倾向直接储蓄，**一个8年时间做到几亿的朋友告诉我，只有储蓄才是最可靠的，分散投资弄不好是屋漏偏逢阴天雨。**

盈利提取看你的策略，以前我是比赛结束马上出金。这次《期货日报》比赛的规则是参赛时也是可以出金的，我参与的本金也相对较多，我就不停出金，大概两个月本金已经出光了。**利润拿出去备用，作为遇到灾难行情的准备金。我想这也是我为什么能拿住单子的原因，亏的时候我都不怕，那么赢的时候我还怕什么呢？**

问题 13： 在使用加减仓方法的交易者当中，有些人的加减仓是根据行情的变化，另一些人则是根据账户资金的变化，您更加认同哪一种方式，或是这两种方式应该结合使用？

于海飞： 哪个是最好的时机，很难讲清楚。例如行情流畅时第一时间加仓是对的，行情反复震荡时，反弹加仓是对的。我会根据账户资金变化加进去，可能有的时候还是有点儿急。我喜欢保证金相对高的公司做，这样反向震荡的时候可以扛一扛，我的方法不值得借鉴，因为我是场外有资金储备的，账户满仓，资产不满仓，以后我会逐渐改为账户也不满仓。

问题 14： 做金融投资，特别是杠杆较高的期货投资，在遇到突发性事件时，可能会措手不及，甚至损失较大。您如何看待交易中可能发生的突发性事件？如何应对和防范？

于海飞： 只要还在市场里待着，突发事件100%会碰到的，这方面必须提前考虑应对办法，我认为没有比把钱强制储蓄更加可靠的了。我不敢保证当我把资金放在账户里，遇到对自己不顺利行情时我会不会把剩余资金加成死码，我想每个人都有失控的时候。应该留有充足的备用资金，等这波灾难性行情结束，重新考虑自己的风险和目标，再调集新的保证金投入战斗，下一次也不要动用所有保证金。我还是用资金比例来控制风险、防范突发事件。

问题 15： 有些人做期货只用低杠杆，比如只用1～2倍的杠杆，您是否认同这种低杠杆交易模式？您会不会觉得那是资金的闲置？

于海飞： 适合自己的就是好的，有自己把握比较大的时候和难得的机遇时我倾向放手一搏，所以一直使用较低杠杆不适合我。但低杠杆对很多温和性格或者年纪比较大或者资产规模大的人应该是很好的一种策略吧，给客户理财的人也适合低杠杆，细水长流嘛。

问题 16：反过来，也有人习惯用高杠杆，几乎每天都满仓交易、重仓过夜，您又如何看待这种高杠杆的交易模式？

于海飞：常在河边走，哪能不湿鞋。总会一夜回到解放前，大忌。**创造神话的人没有几个人以善终收场**。这个也是比赛的副作用，某一阶段放大了成绩，掩盖了背后可能的危机。当然这**不排斥大行情中用高杠杆提高绩效，机不可失，时不再来。但天天用满仓重仓肯定大错特错了**，反向意外的行情总会出现，防不胜防。另外对高杠杆的理解我要澄清一下，假如您有1000万现金，期货只放了200万，这部分满仓了，那您应不属于满仓过夜，我就属于这类人。

问题 17：您现在也做外盘，外盘您主要做哪些品种？您觉得内盘和外盘的联动性如何？内外盘的最大差别是什么？

于海飞：外盘受政策干扰少，没有收储这些政策，行情相对比较大。另外就是杠杆大，比国内期货大1~2倍。我做铜、黄金、糖、原油多些，主要是跟国内关联的品种，因为关注比较多。凡是没有开放的农产品，内外盘的关联度差些，其他关联度很高。

问题 18：您做交易往往集中在少数几个品种上，一段时间内甚至只做1~2个品种，您为何采用品种集中度较高的交易模式？在入场交易前，您如何选择品种？

于海飞：**我只有两种情况能赚大钱：一是价值低估，市场驱动向上；二是价值高估，市场驱动向下。所以当大势看多时，我就选低估多的品种做多，当大势看空时，我选择高估厉害的品种做空**，这个就有点儿像前面问题的抄底摸顶了，但我的抄底摸顶不是短期的，我一般能做到第三浪，这个时候如果做得对，利润已经很可观了。至于能否有第五浪，这个看行情的发展了。

问题19：当您持有的品种波动不大，而另一个品种走出了较好的单边行情时，您会不会心痒？会不会切换品种？

于海飞：我不会换。例如2010年我7月做豆粕多头时，豆粕是龙头，我做了几个月，后来棉花变成了龙头，我做豆粕多单影响了绩效。2011年9月铜暴跌，我持有糖的空头头寸，别人翻了几倍的时候，我收益才几十，后来铜大幅反弹，糖反倒出现凌厉的趋势行情，最终收益还是不错的。**我没有本事大小通吃，也不想大小通吃。**

如果哪天我重点持有的品种是龙头品种，那我就不客气了。我想总会碰到吧。

问题20：您对形态分析有着很深的功力，比如您非常擅长辨别和抓住"头肩顶"、"头肩底"、"三角形"等形态，您觉得哪些类型的形态比较有效？投资者在做形态分析时要注意什么？

于海飞：**我感觉形态就是给自己一个心理暗示，强化自己的方向是正确的**，假的形态太多太多，如果简单按技术分析做，我怎么可能一个品种持有那么长时间呢？短期总会有不满足形态的方向出现。**我擅长的可能还是大的多空方向的把握吧**。例如2009年主多，2010年主多，2011年主空，2012年目前主空。**我觉得关键还是对多空有个判断，这个是核心，然后就是寻找合适的时机做进去。**寻找时机的过程可能就是看形态比较多了。**大势对了，才不至于亏大钱，至于赚到多少，要看自己的修炼了。**

问题21：除了形态分析，您一般还使用哪些技术分析手段？

于海飞：日K线、均线看得比较多吧。另外持仓和成交量也很重要。

问题22：在"分析能力"、"交易技巧"、"资金管理"、"情绪管理"

等要素中，您觉得哪个要素对交易成败的影响最大？为什么？

于海飞：新手可能需要分析能力和交易技巧多些吧，你总得找到赚钱的办法，否则一切都是空谈。老手的成败可能资金管理和情绪控制更重要些。**一个一个过程总要经历的，当你都知道的时候，还是不够的，否则就无法理解为什么会有著名的失败**。如果已经能找到盈利的手段，这个时候资金管理更重要，当输得起赢得起的时候，心态才不至于失控。**期货是残酷的，总会找到人性的弱点消灭你**。

问题23：如今，某些业内高手或投资公司正在尝试期货有限合伙基金、期货信托基金等形式的运作，期货资产管理的时代似乎正在快速发展。在正规的期货基金运作方面，您是否有自己的计划或打算？

于海飞：目前没有，以前还有跃跃欲试的冲动，**现在就想把自己的资金做好，壮大实力，同时也使自己的交易更加合理**。我感觉自己还不够成熟，或者盈利的套路太少，大行情和大趋势毕竟难得一遇，**我骨子里更倾向于山东著名农民和浓汤野人那种盈利模式**，只是杠杆要比他们低一些。

问题24：最后，请您推荐几本书给做期货投资的朋友好吗？

于海飞：青泽老师的《十年一梦》、埃德温·李费佛的《股票作手回忆录》和约翰·墨菲的《期货市场技术分析》。

朱啸宇：在期货里，没有百分百的事情

(2012年6月6日　沈良整理)

朱啸宇：网络昵称"九世轮回"。

2001年开始做股票，2005年开始做期货，2011年开始做外盘。

之前做财务工作，现在专职做期货。

技术分析为主，擅长波段交易。

第三届(2010~2011)蓝海密剑第四季度收益率第三名，年度收益率第5名(年收益率490%)。

访谈精彩语录：

做期货，我有多次劫后重生之感。

做了期货之后，看股票反而更容易了。

现在基本只做外盘，主要是不想和同胞们自相残杀了。

内外盘波动节奏有差异的原因：首先，外盘是主动盘，内盘被动跟随；其次，交易时间的巨大差异；再次，外盘没有停板，内盘有。

外盘可供交易的品种更多，价格连续性好，波动幅度更大，有价值的交易机会更多。

相信多数来做期货的人，都是抱着短期暴发的心理，我当时也是一样。

我觉得最适合放下工作做期货的人，应该是得道的高僧！

我持仓时间很短，大多两三天，偶尔有超过一周的。

经常是一根日K线就可以逆转原来的方向。

在期货里，没有百分百的事情。

看书是必不可少的，也是最有效的学习方法。

我的分析方法很简单，日线级别的：均线、K线，再参考一下MACD。

开仓后我会立刻限定止损价格。有浮赢后则有多种出场方式，要看当时的技术形态的情况而定。

某个外部信息对市场是否会产生影响以及影响有多大，我无从判断，只能从价格的变化去确认。

我都是满仓交易一个品种。

无论轻仓还是重仓的风险只在于你的止损是多少，只要止损额是你能接受的就行。

每个品种的走法会有一些区别，但分析和交易的方法是通用的。可以用同样的方法做所有的品种。

长时间面对电脑上的走势，经常会不由自主地匆忙下单，这是我亏损的主要来源。

当我不确定当日有交易机会时，我就关上电脑，出门。

问题1：朱啸宇先生您好，感谢您在百忙之中接受期货中国网和东航金融的联合专访。您的参赛昵称是"九世轮回"，这个名字很有意思，请问您是否有信仰？是否相信生命的"轮回"？是否认为财富也有"轮回"？

朱啸宇：很遗憾，我没有信仰。**如果生命可以轮回那就太好了，来生再做期货可以少走很多弯路了**，呵呵。财富轮回？没想过这个问题。但至少财富是流动的，失去了很可能是永远的。所谓"千金散尽还复来"，我的理解那只是豪气而已！

问题2："九世轮回"这个名字和期货又有什么关系呢？

朱啸宇：期货给我的感悟！做期货的第一个月，由于频繁操作，我就亏了将近80%！之后半年多也是屡战屡败。绝望过，想到过退出，但期货独有的魔力还是使我坚持了下来。**做期货，我多次有劫后重生之感慨！故而名之。**

问题3：2001年您就开始做股票了，现在却很少做。是不是因为做了期货之后觉得做股票没啥意思了？或是其他什么原因？

朱啸宇：**我一直都在跟踪着股市。我觉得做了期货之后，看股票反而更容易了。**由于期货的杠杆作用，对行情的判断，介入时机的选择，相比股市要求更高！现在不做股票是因为资金量还小，如果以后能做大了，会分流一部分到股市。

问题4：您2005年开始做期货，如今已经7年了，在您的记忆中，这7年的期货生涯中，有没有大亏过？您用多长时间在期货上实现了较持续的盈利？

朱啸宇："常在河边走，哪能不湿鞋！"让我印象最深刻的亏损，是2009年11月豆粕的交易。开仓后一直慢涨10多天，期间盈利加仓，权益很快就翻倍了。当时豆粕的整体涨幅并不大，我判断后市仍要上涨，并且认为回调空间不会有多大，最多也就五六十点吧，于是继续加至满仓，并打算扛过调整。哪知"天有不测风云"，第二天低开低走竟然跌了100多点，方寸大乱！尾盘平仓，资金缩水50%！

我做期货的第三年，就已经实现总体盈利了，但权益波动较大。2010年之后才趋于稳定。

问题5：您2011年10月开始做外盘期货，现在您的交易以外盘期货为主还是内盘期货为主？为什么如此安排？

朱啸宇：现在只做外盘，主要是不想和同胞们自相残杀了^_^呵呵。

内盘多为影子盘，隔夜跳空，白天逆势。这些对我这样的小散来说，盈利变得更加困难。而且我发现，**内盘的走势已经和以前不太一样了**。比如，较规则的形态突破几乎没有了！

问题6：您觉得外盘期货的波动节奏和内盘期货是否有所不同？您觉得产生波动形态不同的主要原因是什么？

朱啸宇：内外盘波动节奏不同，主要原因有以下三个方面：

首先，外盘是主动盘，内盘被动跟随。

其次，交易时间的巨大差异。外盘几乎24小时的不间断交易，内盘只有断断续续的4个小时。内盘要在这4个小时内，先要对外盘的晚间走势做出反应，然后基本跟随外盘，甚至收盘前还要对外盘的夜间走势做出预判(对错另说)。内盘的价格波动空间更小，时间更短，多空争夺的表现形式更激烈。**极端的时候，内盘1分钟走**

完全天的行情！

再次，外盘没有停板，内盘有。 一旦在外盘巨幅涨跌时，内盘做反——后果很严重！

问题7：总体来说，就您实际操作而言，外盘期货和内盘期货相比，哪一个更好做？为什么？

朱啸宇：毫无疑问是外盘好做！

外盘可供交易的品种更多。价格连续性好，跳空少，止损可控。保证金较低，价格波动幅度更大，因此有价值的交易机会更多。

问题8：您后来为什么决定专职做期货了？期货哪些方面的魅力吸引了您？

朱啸宇：做股票赔了很多，多年的辛苦，损失殆尽！后来了解到期货可多可空，且有杠杆。若一心两用，恐怕得不偿失，因此决定专职做期货。

相信多数来做期货的人，都是抱着短期暴发的心理，我当时也是一样， 觉得这里遍地是黄金，呵呵。

问题9：您觉得哪些类型的投资者适合放下工作，专职去做期货？

朱啸宇："修行"这个词在证券期货界似乎很流行，所以**我觉得最适合放下工作做期货的人，应该是得道的高僧！** 第一，没有牵挂，甚至都不在俗世中；第二，有耐心，有毅力；第三，有悟性。

问题10：您做期货以波段操作为主，平均一笔单子持仓多长时间？有没有考虑做更短的日内交易，或更长的中长线交易？

朱啸宇：**我持仓时间很短，大多两三天，偶尔有超过一周的。** 我尝试过日内交易，但不是那块料儿。中长线交易是我努力的方向。

问题 11：您做波段交易时，会不会短时间切换方向，比如多单出场后，马上做空，或是多单出场后一两天内就做空了？为什么？

朱啸宇：会。因为，首先方向判断错误是常有的事；其次，**经常是一根日 K 线就可以逆转原来的方向。在期货里，没有百分百的事情。**

问题 12：您做交易使用技术分析，您的技术分析手法是自己摸索总结的，还是向别人学习的，或是从书本上学习的？您所用的技术分析是否属于某个流派？

朱啸宇：看书是必不可少的，也是最有效的学习方法。还有论坛上的很多老帖子，也受益匪浅。

史蒂夫·尼森的蜡烛图，是我看过最多遍的书。**我的分析方法很简单，日线级别的：均线、K 线，再参考一下 MACD**。根据三者之间的关系变化，有时再加上交易重心这个因素，就是我的主要分析工具。

问题 13：您做技术分析，是固定用某一种方式，还是几种方式结合使用，或是灵活应用多种技术分析手法(具体用哪一种取决自己当时的主观选择)？

朱啸宇：其实行情的走势无非是：趋势；震荡整理；以及趋势和震荡整理二者转换的临界状态。**我用趋势线、均线、K 线形态基本可以判断出来**。定性后，再寻找适合当时状态的交易方式。

问题 14：您根据技术分析进场后，怎么出场？也是按照技术分析，还是有其他标准？

朱啸宇：开仓后我会立刻限定止损价格。有浮赢后则有多种出场方式，要看当时的技术形态的情况而定。

问题15：您用技术分析做交易，您会不会关注基本面？基本面信息的变化会不会影响您的交易？

朱啸宇：基本不关注基本面，所以基本面信息的变化不会影响我的交易。单子进场后，我只要设好止损就行了。

问题16：有人认为"价格包含一切，即市场价格的变化包含了一切影响价格的因素，因此只需研究价格本身，不需要关注任何外部信息"。您对这一观点是否认同？为什么？

朱啸宇：认同。**某个外部信息对市场是否会产生影响以及影响有多大，我无从判断，只能从价格的变化去确认。**

问题17：您一般一笔单子止损的幅度控制在什么范围？整个账户的最大回撤一般控制在什么范围？

朱啸宇：一笔单子的止损幅度控制在5%～10%。整个账户的回撤尽量控制在30%。如果超过，我会休息几天。

问题18：有些人偏好重仓交易，有些人则只做轻仓交易，您的仓位一般做多大？您如何看待重仓交易的风险？如何看待轻仓交易的"资金闲置"？

朱啸宇：**我都是满仓交易一个品种。无论轻仓还是重仓的风险只在于你的止损是多少，只要止损额是你能接受的就行。轻仓交易不如去做股票。**

问题19：您一般交易哪些品种？有没有特别偏爱的品种？目前为止，您在哪个品种上赚钱最多？在哪个品种上最不顺利？

朱啸宇：内盘我常做的有橡胶、铜、锌、白糖。赚钱最多的应该是铜，最不顺利的是PTA。外盘主要做美铜、原油、黄金。

问题20：您觉得是否每个品种都具备自己的个性？交易者会不会和某个品种非常合拍，但和另一个品种则很不合拍？

朱啸宇：每个品种的走法会有一些区别，但分析和交易的方法是通用的。可以用同样的方法做所有的品种。

问题21：您是东北人，都说东北人"勇敢、果断、粗犷"，而缺乏"细致"，您在做期货时会不会也缺一点儿"细致"？

朱啸宇：哈哈，不能一概而论吧。一母生九子，九子还各不同呢。**我做期货确实常常不够细致，不够耐心**。不能耐心地等待行情明朗，而持有盈利的单子时，也经常拿得不够久，这是我的一个瓶颈。

问题22：您喜欢跑步，这是一个很好的习惯。您觉得生活中的一个好习惯，对提升生活品质的影响有多大？交易中的一个好习惯，对提升交易成绩的作用有多大？

朱啸宇：跑步对我来说不仅仅是锻炼身体，还是缓解紧张焦躁情绪的良方。当交易不顺利的时候，出去跑一圈儿，看看身边的这个世界，心情就能渐渐平静下来。

虽然我称自己是靠技术分析操作，但也经常会主观交易，甚至随意交易，**长时间面对电脑上的走势，经常会不由自主地匆忙下单，这是我亏损的主要来源**。

我不做日内交易，因此我不需要天天坐在电脑前，**当我不确定当日有交易机会时，我就关上电脑，出门**。而这个行为慢慢成为习惯的过程，也是账户权益稳定增长的时期。

顾伟浩：具体而微的方法必然会被淘汰

(2012年6月12日　沈良整理)

顾伟浩：中睿投资总经理。

1993年放弃国企的铁饭碗开始做外盘期货。1996年开始做股票。参与过苏州红小豆、上海三夹板、海南咖啡的交易，经历过国债风波，拥有丰富的期货投资经验。经历过大赚大亏，现以中长线交易为主，套利对冲为辅，以稳健风格见长。

第三届(2010~2011)蓝海密剑期货实盘大赛上校晋衔奖。

访谈精彩语录：

有的行情天马行空、大开大阖给人印象深刻，多年以后回忆起来仍历历在目。

市场虽然会提供很多很大的机会，但也伴生着巨大的风险。

一次意外足以让人毙命！

当年的市场与现在市场差别较大，最大的差别是影响价格波动主要动力来源的不同。

虽然它的价格运行有一定规律，有很大盈利机会，但其波动有着很大的不确定性。

虽然也时常有被套时的煎熬，大亏后的痛苦，等待时的紧张等多种情感体验，但最多的是喜悦。

市场如棋局局新，它总会给我在眼界、心胸、耐心、毅力、敏锐等方面更多的提升空间。

期货市场相对而言的公平性与它的挑战性吸引了我。

期货市场的正常运行是建立在反人性的基础上的。

期货的盈利是对人性优点的奖赏，期货的赢家其人生是丰富的，其财富是丰厚的。

我的交易体系的核心是价值、趋势、循环，体系的重点是形与势、时与机，体系的关键是见微知著。

价格一时的波动受市场情绪、大众心理、主力操纵等多种因素影响，混沌不居、天然不定。

价格波动与这些基本面并非一一对应。

价格波动的本质原因是：作为各个分散独立的投资者对合理价位的不同预期而形成的不同买卖。

市场价格波动是有规律的。

这市场没有一成不变的方法可以包打天下！具体而微的方法必然会被淘汰。只有道和理亘古不变！

否极泰来、物极必反，天之道也！

仓位一般控制在60%以内，建仓分1~3次。平仓以一次性居多。

我预期的收益为一年50%。

不管是南拳北腿，还是武当少林，只要能在这市场上安身立命，必然有他们的独到之处。

财富的大幅增长最好的方式是稳定地、不停地增长。

市场价格由酝酿、发展、高潮的延伸过程就是人们的情绪遵循着由悲观到乐观的转化过程。

时间是商品交易中非常重要的尺度！

未来很长时间可能还是熊长牛短。

有些商品其自身的供求关系有时会完全转化为矛盾的主要方面，引导其走出独立行情。

问题1：顾伟浩先生您好，感谢您在百忙之中接受期货中国网和东航金融的联合专访。您做期货已经19年了，这19年里经历过大赚大亏，多次起伏。请您简单谈谈记忆最深刻的一次大赚和一次大亏的情况？

顾伟浩：在这十几年的交易生涯中的确经历了很多次大赚大亏的起伏，**有的行情天马行空、大开大阖给人印象深刻，多年以后回忆起来仍历历在目。**

印象最深的一次大亏是"5·18"国债停盘时商品市场的全线崩盘，当时重仓持有郑州绿豆多头，价位在4000左右，一星期后就暴跌至3000，损失损重，几近全军覆没，元气大伤。

早年赚钱印象比较深的一次是1996年初苏州红小豆的暴涨行情！当时在3500左右持有了较大的多头头寸，恰逢多头主力大力推升市场,价位在短短个把月左右暴涨至5800!获利颇丰,也让我重振旗鼓,重拾信心!

问题2:在期货市场的大赚大亏给了您怎样的启示?

顾伟浩:经历了较多大赚大亏,感觉到**市场虽然会提供很多很大的机会,但也伴生着巨大的风险**。如想要在这充满风险、陷阱遍布的风险市场长久立足,必需要有很强的风险意识和防范手段,不然**一次意外足以让人毙命**!

问题3:您做过"苏州红小豆、上海三夹板、海南咖啡",您觉得在当时的市场,影响价格涨跌的主要因素是什么?市场发展到现在的阶段,影响价格涨跌的主要因素又是什么?

顾伟浩:**当年的市场与现在市场差别较大,最大的差别是影响价格波动主要动力来源的不同**。当年期货价格波动的主要动力来自于主力资金的推动,与现货价格关联度较低!而现阶段的期货品种有着非常强的现货基础,期现的相关度极高,能真正发挥期货市场的功能与作用,主导市场的主要力量长自于现货市场供求关系的失衡和再平衡。

问题4:一个普通的期货投资者,在当时的市场更容易生存还是在现在的市场更容易生存?另外,是当时的市场更容易创造短时间的暴利,还是现在的市场更容易创造?

顾伟浩:客观地说,当时的市场各品种此起彼伏大幅波动,短时间有更多暴利的机会,但生存非常不易,市场分析主要以多空心理博弈为主,此种情况下,普通投资者自然处于被动局面,而且行情极其凶狠,市场经常会以连续停板的方式展现,不给投资者纠错认赔的机会,常常一次看错就难以回生。对普通投资者来说肯定是现在的市场更容易生存。短期来看,当时的市场更容易创造奇迹,长期来看，现在的市场更容易创造奇迹。

问题 5：19 年前，您刚接触期货时，对期货的理解是怎样的？您在经历过大赚大亏后，对期货的理解又是怎样的？如今，追求稳健盈利的您，对期货的理解又是怎样的？

顾伟浩：刚接触期货时，认为它是个新兴行业，期货市场的价格发现功能代表着市场经济的发展方向，有着巨大的成长空间。有了较多了解后，也逐渐认识到它也是个投机市场，而且是对抗激烈、风险巨大，**虽然它的价格运行有一定规律，有很大盈利机会，但其波动有着很大的不确定性**，对其必须仔细研究，深入学习。现在我更多把期货市场作为投资的平台之一，作为自己分析、理解、认识社会政治经济变化的检验器！

问题 6：这 19 年来，在期货市场，以下各种感受您经历最多是哪一种？为什么？快乐、喜悦、煎熬、痛苦、平淡、从容、紧张、激情……

顾伟浩：是喜悦！**虽然也时常有被套时的煎熬，大亏后的痛苦，等待时的紧张等多种情感体验，但最多的是喜悦**。当自己完成了一波行情的构思、建仓、持有、平仓后大有收获，是喜悦的；当被套多时终于迎来云破月开、柳暗花明，是喜悦的；当计划持仓止损后更能理解自己能力所不逮之处，也是非常喜悦的。总之，**市场如棋局局新，它总会给我在眼界、心胸、耐心、毅力、敏锐等方面更多的提升空间**。

问题 7：期货给您带来过快乐，也给过您伤害，在您遭遇坎坷时，有没有想过放弃？是期货的什么魅力，让您一直坚守在这个市场？

顾伟浩：1994 年底时有过其他想法，当时在其他领域正好有很好的发展机会！仔细思考了一星期，想清楚了自己目标，以后就从没有想离开过，即使在极其困难的时候。

我想，是期货市场相对而言的公平性与它的挑战性吸引了我。

问题8：不少朋友都说做期货时间越长，对财富和人生的理解越深刻，您是否认同？您如何看待"财富"和"人生"？

顾伟浩：我想是这样的。**期货市场的正常运行是建立在反人性的基础上的**，期货市场财富长期稳定的增长必定是能够对人性中的与生俱有的懒惰、贪婪、恐惧等负面性恪有效地控制。因此**期货的盈利是对人性优点的奖赏，期货的赢家其人生是丰富的，其财富是丰厚的。**

问题9：您做期货以中长线交易为主，套利对冲也做一些，请问您会在什么时候采用套利对冲的交易手法？您如何处理套利对冲头寸和单边头寸的关系？

顾伟浩：**没有一定之规，主要是风险收益的利弊权衡**。一般两种情况下考虑套利对冲。一是相关品种之间价差不合理而进行套做，等待它们最终趋于合理；二是不同商品由于各自原因形成不同趋势后套做。一般而言，套做对冲可以降低市场的系统性风险，规模可以做得大一些。

问题10：您的交易决策更多来源于对市场价格的反应呢，还是您自己对各种影响价格的要素的综合分析判断呢？

顾伟浩：是综合分析判断影响价格的各要素后决定交易策略。市场价格不是考虑问题的主要方面，更多时候是要尽量避免交易决策受价格波动太多的影响。

问题11：您的分析方法和交易方法是否形成了一套比较完善、明确的体系？这套体系的最大特征是怎样的？

顾伟浩：是的，经过多年盈盈亏亏的反复磨砺，总结研究探寻了各种方式方法，慢慢建立、丰富、完善、明确了自己所认知的分析交易体系。**体系的核心是价值、趋势、循环**。价值不仅体现商品本身的市场价值，更重要地表现为整个社会对商品价值观的变迁。趋势也表现为多个层次，既有市场价格运行的趋势，也包括主导市场的主要因素的变化趋势与市场心理预期的趋势。**体系的重点是形与势、时与机**。形、势、时、机是同一事物不同角度上的描述，关系非常微妙也非常重要。**体系的关键是见微知著**。如何见微如何知著不仅需要上面的知识，也需融入否极泰来等大众投资心理分析。

问题 12：您认为"在有效的市场里，简单的技术分析很不稳定"，为什么这么说？如何才能提高技术分析的作用？

顾伟浩：技术分析一般以市场价格为基础，而**价格一时的波动受市场情绪、大众心理、主力操纵等多种因素影响，混沌不居、天然不定**，以此得出论点可靠性不高，难以稳定盈利。

问题 13：您认为"技术面是价格的外在表现，宏观和基本面数据在影响这些表现"。是否意味着任何技术图形的表现都能找到对应的基本面因素，是否意味着用基本面分析能更好地预测价格的变化？

顾伟浩：影响价格波动的因素是多方面的，包括市场情绪与大众错误的市场预期，因此**价格波动与这些基本面并非一一对应**。投资的精髓特别是价值投资是相信人最终会趋于理性，价格最终会趋于合理。因此有人，如斯坦哈特就喜欢反向投资也取得骄人战绩！但这并非说基本面分析就能轻而易举。

问题 14：您在具体的分析和决策中，技术分析和基本面分析各占多大的比例？

顾伟浩：基本面分析为主，技术分析占 20%左右。

问题 15：您在技术分析中，一般不用均线，您认为"均线更多的是反映了价格的波动特点，而非趋势"。您在技术分析中不用均线，用什么？如果均线不能反映趋势，那么哪些技术面要素能够反映趋势？

顾伟浩：一般用趋势线与 K 线组合形态！

问题 16：您认为"形态反映了多空实力与市场心态"，能否举例说明？

顾伟浩：这些内容在经典教科书里面有非常详细的说明。特别是约翰·马吉的《股市趋势技术分析》里讲得非常好，可以详加揣摩。

问题 17：不管从短周期还是长周期来看，市场的价格始终在波动，您觉得市场价格波动的本质是什么？市场价格的波动是否有一定的规律性？

顾伟浩：我认为价格波动的本质原因是：**作为各个分散独立的投资者对合理价位的不同预期而形成的不同买卖。**

市场价格波动是有规律的。每个投资者的买卖是由自己的判断所决定的，其判断必然受社会政治、经济、价值观、供求关系等因素的影响！这些因素的形成、发展有其客观规律。

问题 18：有交易者认为"任何一套一成不变的方法，只可能盈利一时，最终都会被市场淘汰"，您是否认同这一观点？在您看来，市场是否具有自我进化功能？

顾伟浩：**这市场没有一成不变的方法可以包打天下！具体而微的方法必然会被淘汰。只有道和理亘古不变！**就如诞生于 2500 年前冷兵器时代的"孙子兵法"，其阐述的知己知彼、避实击虚、守正出奇、修道保法等治军、用兵之道至今历久弥新，为现代战争所追求之目标！

问题19：您认为"往往基本面看上去最确定无误的时候，期货市场却快要产生拐点了。越是高潮的时候，越需要小心"，这是不是物极必反的表现？交易者应如何去感悟和捕捉这种时刻？

顾伟浩：是的，**否极泰来、物极必反，天之道也**！如何感悟捕捉还需综合立体考虑！

问题20：一般来说，您交易的账户同时持有多少个品种？您是否有特别偏爱的品种？

顾伟浩：一般而言持有四五个品种吧！没有特别偏爱的！

问题21：您的仓位控制在多大的范围？建仓时是一次性建仓还是分批建仓？第一次建仓完成后，如何寻找后续的建仓机会？另外，您在平仓时，是一次性平仓，还是分批平仓？

顾伟浩：**仓位一般控制在60%以内，建仓分1～3次**。如果市场还处于发展阶段会继续加仓。主要是考虑市场处于什么阶段。**平仓以一次性居多**。

问题22：您现在已把账户的回撤严格控制在10%以内，请问您用什么方法让资金的回撤如此之小？

顾伟浩：一是根据品种特性合理布置仓位大小；二是尽量对冲交易。

问题23：在严格控制风险的基础上，您一年预期的收益为多少？

顾伟浩：**我预期的收益为一年50%**。

问题24：和以前相比，现在的您做交易似乎越来越"小心谨慎"了，您改变交易风格的核心原因是什么？另外，对市场上那些"激进"的高手，您怎么看？

顾伟浩：主要原因是希望自己少做些交易，尽量多捕捉些社会政治经济重大变化所形成的战略性投资机会。

对那些激进的高手，我是非常佩服的。每个人的脾气性格，经验阅历千差万别，对市场的认识也各有千秋，必然有多种行之有效的操作方法。**不管是南拳北腿，还是武当少林，只要能在这市场上安身立命，必然有他们的独到之处。**

问题25：很多人都说复利增长才是真正的暴利，您如何看待复利增长的"威力"？您觉得一个投资者在期货市场要实现复利增长，必须具备哪些素质或条件？

顾伟浩：当然，**财富的大幅增长最好的方式是稳定地、不停地增长。** 期货市场如要稳步增长首先需要强有力的风控意识和措施，唯此，即使有黑天鹅突袭也能生存立足。二是**必须具有良好稳定的操作系统**，无此，难以实现期望。三是要有成熟的人生态度和目标，以此，才能具备坚韧的信心和足够的耐心去实现目标。

问题26：您认为"洞察市场情绪胜于简单的技术面分析"，请问何为"市场情绪"，投资者应如何洞察市场情绪？

顾伟浩：**市场价格由酝酿、发展、高潮的延伸过程就是人们的情绪遵循着由悲观到乐观的转化过程**。也完全迎合着人类头脑在认识事物的过程中对信息的反应、接纳过程。如果投资者结合市场形势与市场情绪，以此为用，效果甚好。

问题27：您是趋势交易者，您觉得市场的多头趋势发展和空头趋势发展是否有所不同？交易者应该注意什么？

顾伟浩：是有所不同。**空头市场往往恐慌情绪占据主导，市场有时呈崩溃式下跌**，情绪过后又大幅反弹，市场波动剧烈，容易让投资者受伤。**而多头市场相对缓和些**，投资者可以从容加仓，做大仓位。

问题28：您认为"时间是至关重要的。时间与生俱来的深邃与稳定可以荡平一切价格的起伏不平"，请问您在交易中怎么考虑时间因素？

顾伟浩：**时间是商品交易中非常重要的尺度！**一些商品价格周期波动生生不息，如详加考察会大幅提高胜算。

问题29：您曾在2011年10月发表观点说"商品期货市场未来应该是熊长牛短……整体的熊市可能至少5年"，您现在是否依然持有这一观点？您为何如此看空后市？

顾伟浩：**是的，未来很长时间可能还是熊长牛短**。做出这样的判断是基于如下原因：这波商品大幅上涨的内因是，新兴市场主要是中国的经济高速增长所带动的大宗原材料、日用消费品需求的巨幅增加所至，而中国社会经历了30年经济高速增长！重工业化时期已经过去，大宗商品需求增速大幅下降。同时中国面临巨大的社会转型与经济调整压力。一般而言，**像中国这样人口众多国家的政治生态变迁，经济结构调整少则数年，多则数十年**，因此商品价格将大受影响。另其外因是，每次商品总体指数的大起大落与美元走势高度相关，而美元的一次巨幅波动一般需持续6~7年，此时美元正于历史性的底部刚刚起步。这些因素叠加让我相信一些商品会反复下跌。

问题30：在大格局的整体熊市中，某些品种有没有可能走出单独的牛市行情？

顾伟浩：完全可能。**有些商品其自身的供求关系有时会完全转化为矛盾的主要方面，引导其走出独立行情**，如农产品易受天气等自然灾害影响而走出局部牛市行情。

问题31：个人账户委托管理、有限合伙基金、信托基金、公募基金专户、券商集合理财，如今期货私募市场的各种资产管理形式您最看好哪一种？您自己在期货资产管理方面有着怎样的规划和目标？

顾伟浩：更看好有限合伙基金与信托基金。我希望期货品种更多些，特别是金融期货能全方位立体化地对冲交易，能运作真正意义上的对冲基金。

王福生：一只眼睛看市场，一只眼睛看自己

(2012年6月20日　沈良、李婷整理)

王福生： 网络昵称"阿福"。

1997年毕业于辽宁大学投资专业，毕业后在证券公司工作了7年，2003年开始从事期货交易，2009年开始涉足外盘。2006年5~6月间，22天把8万做到100多万，但后来又把利润慢慢吐回大半，只剩30万；2008年金融危机，两个半月，30万赚了300多万；2009年做多白糖三个半月获得11倍收益(为客户盈利8倍)……

第三届(2010~2011)蓝海密剑期货实盘大赛中远征军年度第一名。

访谈精彩语录：

我做到的短期产生暴利的行情，一般事前都有长期的观察和跟踪过程。

当我觉得市场会有比较好的机会，可能走出创造 10 倍或数倍利润的行情时，我会莫名地产生兴奋和喜悦感，这个时候，我知道好机会要来了。

我现在特别希望自己当年多一些爆仓经历，多经历一些起落，这对我是难得的珍贵磨炼。

人们常说"交易期货就是交易人生"，我对此有非常深刻的体会。

经历过几次失败是我目前为止最宝贵的财富，是我心态的压仓石。

这两个市场(股市和期市)都是投机性质的，理不同道相通。

期货要做好的话，一定要全身心投入，需要付出很多的努力。

期货不是赌博，更像是拼搏。

期货不是靠运气，而是靠意志，有毅力才可以最后赢。

做期货是一个孤独的旅程，孤独的战斗，更多的时候需要把握内在自我。

期货从对抗性来讲很像拳击、战争，而从操作层面来说，非常像画家作画，需要用敏感神经去体验玄妙哲学。

从 2009 年开始，当时意识到在期货市场自己摸索的成本太大了。

比经验和技巧更加重要的因素，就是要更好地认识自我、把握自我和超越自我。

就是一只眼睛看市场，一只眼睛看自己。

有的时候靠你的智慧，有的时候靠你的勇气，有的时候靠你的耐心，有的时候靠你的灵活，所有战争中可以用到的要素，几乎都可以用到期货搏杀里。

就像警察破案，我需要利用一切线索，找到行情可能的发展脉络，就是要把破案的突破点提炼出来。

想要一种方法能处理所有的局面，这是不大可能的。

技术分析和基本分析要完全做到确定之后再入场，这是完全不可能的，也不需要。

投机交易的魅力就在于它的不确定性。如果一切都确定了，恐怕利润也就没有多少了。

期货的魅力就在于在不确定里如何面对不确定性，迎击风险。

我的看法是技术摧毁一切。大的政治、历史、社会方面的变动，我觉得是技术推动的。

我一般喜欢在行情大的变动前看自己能不能嗅到市场的腥味儿。

市场的态势已经朝基本面展示的变化去发展了，这个时候我觉得是个很好的机会。

我应该更偏重主观。

如果有一个很好的预判，又追随得比较好，这两点能够完美结合，做到暴利的概率就比较高。

有些人认为期货不能太主观，我持怀疑态度。

我觉得事先的判断是非常重要的，如果这个不重要，何必做这么多的研究呢？

在我的逻辑里面，期货的风险很大，在场的时间越长，反而时时都有可能被市场教训，因为你一直在拳击台上。

兵贵胜，不贵久，如果这战打赢了，我就尽可能退出来。

风险控制是我交易中核心首要的方面。其次就是资金管理。第三是追寻趋势、寻找变化。

任何事情的变化都是有迹可循的，不可能瞬间就出现翻天覆地的变化。所以要寻找这种变化，打击这种变化。这往往是暴利的起点。

做期货肯定是为了追求大的利润，要找容易出大利润的品种来做。

你的个性特征、心理结构和市场、品种的结构属性吻合的话，就容易赚钱。

我非常想知道有比赛压力的情况下，我自己的内在如何平静。

期货是一个对抗风险的游戏，首先看能不能顶住风险，然后才能谈利润的实现。

我把我的账户资金形容成特种部队，利用杠杆去完成一个个的大任务。

我应该算比较激进的，但我对可能的风险，尤其是大的风险超级敏感，因为我有过早期的爆仓经历，知道风险带给我的是什么。在暴利和可能的爆仓面前，我选择回避风险。

亏小钱的办法就是先赚到一笔大钱。

我自己在期货市场最切实的目标就是让我的交易技巧、操作方法和思维方式能更成熟，让我在面对市场的时候，无论顺境还是逆境能够达到举重若轻的状态。

问题1：王福生先生您好，感谢您在百忙之中接受期货中国网和东航金融的联合专访。您做期货以来，曾多次在短时间内创造收益奇迹，您觉得哪些条件同时具备时，才能在短时间内创造高收益？

王福生： 首先市场要有行情出现，没有大的行情，恐怕是"巧妇难为无米之炊"。另外出现行情的时候能不能做到和创造比较好的收益，这完全在于能不能识别这个机会。在**我做到的短期产生暴利的行情，一般事前都有长期的观察和跟踪过程。基本面、技术面包括心理层面都有充分的预判和准备**。当行情出现的时候，成功抓住有利的打击节点，需要长期的经验积累。有的时候也会有一种莫名的感觉，**当我觉得市场会有比较好的机会，可能走出创造10倍或数倍利润的行情时，我会莫名地产生兴奋和喜悦感，这个时候，我知道好机会要来了**。这时候我就会特别重视这个机会。抓住一波行情，创造高收益，需要客观和主观的配合。

问题2： 您刚做期货时，有过爆仓的经历，2006年22天赚的100万后来也吐了回去大部分。请问您觉得自己曾在期货市场严重亏损的核心原因是什么？

王福生： 交易初期，我经历过多次爆仓，到今天回想起来，**我现在特别希望自己当年多一些爆仓经历，多经历一些起落，这对我是难得的珍贵磨炼**。经过比较大的亏损之后，能让我更清醒地认识自己，反省亏损的原因，更让我体会到这个市场的风险有多么的巨大和可怕。有爆仓经历，我的自我保护的意识和对风险的警醒，与初期相比更强烈了。当时做得不好或者亏损比较严重，完全是被期货杠杆所产生的暴利所吸引，比较忽视风险，其实杠杆的效应会有负面的作用。

2006年的时候入场点不错，做了一波比较漂亮的行情，当时是8万做到了120万左右，但是后来回吐只剩下了30万。这是我第一次在期货市场里比较大的利润，当时对风险和技巧的认识很不充分。我刚做期货的第一天赚了 30%，非常兴奋，觉得自己很适合做期货，随后就发生亏损。**做期货，一开始要解决怎么不亏的问题，随着交易的日积月累，就要解决怎么能盈利的问题，有了一定的小盈利之后，就要解决怎么扩大盈利、让利润膨胀起来的问题，而赚到较多利润之后则要解决怎么防止回吐的问题。**

这次经历是先暴利再回吐，之前，我对暴利和大回吐都没有经历过，不知道怎么应对。随着各种经历的增加，无论是盈还是亏，发现问题，我才能想办法解决问题。

那时候我比较年轻，没有恐惧感，也不知道害怕，如果当时再多经历几次大的起落，磨炼次数再多一些，可以体会更多，悟到更多，对现在或者是将来的操作更有好处。

问题 3：您如何看待自己曾经经历过的大赚和大亏？这些经历对您而言，有着怎样的意义？

王福生：从交易上说，这些对我的意义很大。我在这些起落里学到了非常多的经验和教训。**做期货第一次暴利的经历，让我知道在这个市场是可以看到希望的，证明我在这个市场能挣到钱，对自己有了信心。**因为之前摸索了很长一段时间，挣不到钱，甚至在亏损。我也经历过爆仓，这让我领教了风险。所以，对期货天堂和地狱的感觉都有过体会。我当时因为亏得比较厉害，对生活都有了影响，很长一段时间，我都生活得很惨，所以除了对交易的体会之外，对冷暖人生的感受也有很多体会。这是我比同龄人多得的。

我的一些朋友做生意或者是从事其他行业，他们的成功可能是行业特征决定，需要 3～5 年，再长一点儿可能要 8～10 年，假如经历一次大的亏损或者失败也需要几年的时间，再起来又需要以年为跨度的周期。所以他们体会的起落次数就没有我多，而我在几年的时间里就体会到太多次的输赢。**虽然行业不同，但成败和输赢，给人的感受和体会应该是一样的**。人们常说"交易期货就是交易人生"，我对此有非常深刻的体会，早一点儿多一点儿经历失败，是**浓缩了人生**。我现在有时会想起的，常常是我最难的时候，亏得最厉害的时候，因为它们让我内心得到的比我在赚钱的时候更多，我觉得**经历过几次惨败是我目前为止最宝贵的财富，是我心态的压仓石**。

问题4：股票、权证、期货您都做过，就您看来，对普通的投资者来说，这三个市场哪一个最公平？为什么？

王福生：对于这方面我没有特别考虑，存在就是合理。如果一定要做一个回答，**我觉得期货的机会好像更公平一些**，因为它可以T+0，可以多空交易，但是期货的风险也大。

问题5：多年的证券交易经验，对您的期货交易风格是否有所影响？

王福生：**有很大的影响**。我在证券公司大概做了7年，有三次经历操作过大的资金。**首先这两个市场都是投机性质的，理不同道相通**，大体还是很相近，尤其在分析这个方面。这么多年的证券从业经历以及所学的专业给我搭建了一个很好的基础。两者分析市场的方法比较雷同，为我做期货打了很好的基础。我的几次理想收益，和多年的证券经验有关。

问题6：您现在还有没有在做股票？您觉得股票市场和期货市场的价格涨跌是否有相互影响的效应？

王福生：我现在做期货为主，股票帮朋友参谋一点儿，但一直在关注。做任何事要集中精神才能做好，两者兼顾对我来说效果不一定好。

股票和期货价格涨跌相互有一些影响。**这两者都受基本面的制约和影响，很多时候它们的基本面都是一致的**，受相同的宏观经济、国际形势的影响。股指出来之后，人气的作用比较明显，如果股指有一个比较明显的向上冲击，感觉对市场人气的提升作用是很大的。

问题 7：您现在是专职做期货，也有不少朋友是兼职做的，请问，您觉得哪些类型的投资者适合专职做期货？哪些类型的投资者适合兼职做？

王福生：期货要做好的话，一定要全身心投入，**需要付出很多的努力。一位真正成功的交易员必须融入交易之中**。如果兼职做，倒不如做股票，期货冒的风险比较大，如果没有充足的时间和精力，可以去做股票，期货是需要耗费很大精力的。

问题 8：您认为"期货交易绝对是项技术活儿，输赢都很大，但炒期货不是赌博，想赢就要多历练"，请问投资者想在期货市场持续盈利，必须经历哪些方面的历练？

王福生：**期货不是赌博，更像是拼搏。期货不是靠运气，而是靠意志，有毅力才可以最后赢**。国外有过统计，大概有这么一个说法，成功的交易员要经历大概 7 年半的时间，输过 200 万美金。期货的交易难度是很大的，需要长期的磨炼。当然也有做得非常顺的时候，可能是某一方面摸到了市场的脉，操作方法或者是心理结构比较吻合市场。但是总体而言，绝大部分人都会有非常惨痛的经历，慢慢摸索，然后才能走出来。我也认识市场里一些做得比较成功的人，大部分都经历过爆仓或大亏。经历长期磨炼，甚至有的想过退出市场，但他们坚持到最后，慢慢摸索出来，捕捉到机会，翻身做大了。其实任何职业也都是这样，想成功，做得好，达到专业级别，都需要 10000 个小时的积累，需要长期的沉淀。**尤其是期货，它对个人素质的要求独特，别的行业成功可能靠关系、运气或者其他外在的因素多一些，做期货是一个孤独的旅程，孤独的战斗，更多的时候需要把握内在自我**。尼采说过一句话："人生最困难的就是认识自己，如果能认识自我的话，哪怕随后可以死去。"把握自我的事情首先要认识自我，然后才能悟到、做到。这实际上是很难的，做过期货的人都应该有非常深刻的体会。**期货从对抗性来讲很像拳击、战争，而从操作层面来说，非常像画家作画，需要用敏感神经去体验玄妙哲学**。这个交易过程、分析过程，包括对市场状态的理解和把握，很考验人的逻辑推理。所以从认知层面来说，就需要很全面的哲学思想，我自己觉得充满挑战。

问题9：您是一个热爱学习的人，为了提高交易水平您不惜重金曾花费50多万去上海、香港等地听专家讲课，寻访期货高手，交流经验教训。请问您最欣赏的交易高手有哪几位？您从他们身上学到了什么？

王福生：这里不应该说"最"。我从他们身上学到很多，全部令我受益匪浅。**从 2009 年开始，当时意识到在期货市场自己摸索的成本太大了**，2008 年金融危机的时候做了一波很大的行情，之后，觉得身心疲惫，正好和朋友到外走走，结识了一些高手。那时突然发现，如果早认识这些高手多好，我的一些疑问，被他们点醒了。我觉得这种花费对我来说是非常低成本的学习和体验的方式。从那儿以后，我只要有时间就会去北京、上海、深圳、香港这种金融发达，投资圈子比较大，培训比较多，交易成功人士比较多，故事多，失败的经历教训也多的地方。大概有两年的时间，一直都是这样，尽量接触高手，向他们虚心求教，现在，他们都成了我的良师益友。**他们的经历给了我很多的鼓舞，吸收到了非常多的营养，有很多时候给了我很多信心**。比如他们用的方法，我也是这样用的，给了我自信，**做得不好的时候，他们处理的方式、方法、技巧，又让我在以后的交易过程中少走很多弯路，少付很多学费**。现在我只要有时间也会尽量出去走走，我在沈阳，总是没有北京、上海、深圳这些地方的圈子好，如果早几年接触这些高手的话，一定会少向市场交学费。

问题10：您认为成功的投资者需要"见识、常识和胆识"，请问具体要有哪些见识、常识、胆识？

王福生：我认为做期货要有最基本的东西，要有市场的经验和操作技巧，这包括很多方面，有了这些之后，我们才能很好地观察市场，分析形势。但是光有这些是远远不够的，这就是期货和其他行业不一样的地方。别的行业可能对把握内在、把握自我和超越自我的要求比较少。**比经验和技巧更加重要的因素，就是要更好地把握自我、认识自我和超越自我**。这些是内在的，就是一只眼睛看市场，一只眼睛看自己，观察市场可以占到一半，之后要更多观察自己，尤其是有了一定的经验和技术基础之后，需要更多地观察自我和把握自我，这方面的修炼是更重要的。中国的老话说"功夫在诗外"。为什么有了行业经验和特定基础的人会说这句话？其实交易也是如此"功夫在交易之外"。**期货市场对人的冲击是很大的，心理要非常稳定，需要内在的健全人格**。我想到一句话：所有的盈利是对人性优点的奖励，所有的亏损是对人性弱点的惩罚。

"见识"是要"见人所未见"，这样才能更好地发现机会。"常识"就是，有时候在最高点去买，最低点去卖，做反了、亏钱的情况就是缺乏常识。在疯狂的时候可能看不到市场会跌，认为还会再涨。这都是缺乏常识,被迷惑了,看不见本质的表现。"胆识"非常重要,凡是有大成就的都需要一定的胆量。现在说的胆量并不是盲目地冒险,而是要有胆有识。有时候你捕捉到了很好的机遇,运气不错,但是你能不能赚大钱或者决定性地改变境遇,这就要看你的胆量。**够运还要够胆,西方谚语说勇敢里面有天才、智慧和魔法**。有时候胆量创造了很多的奇迹。输钱的时候,怎么保持旺盛的斗志,更要有足够的勇气和胆识,市场再一次出现机会的时候,仍然要适时出击。

问题11:您认为"投资好比带兵打仗",请问,您觉得期货和战争有哪些相似点?

王福生:对抗性和博弈性。战争是很残酷的,期货交易的风险也是很可怕的,就像拳击一样,有着高度的对抗性。还有一点就是在不利的时候,要在游戏里面充分运用策略,可能你处在劣势,但完全可以用智慧以少胜多。**有的时候靠你的智慧,有的时候靠你的勇气,有的时候靠你的耐心,有的时候靠你的灵活,所有战争中可以用到的要素,几乎都可以用到期货搏杀里。我觉得投机和拳手出拳也很像**,前期在试探,一旦对手的体力下降或几次在被打击处在半晕船状态之后,你的仓位稍微重一点儿,就可以决定性地在一个好点击倒对手。这时你就站到一个有利的位置上,赢取一个重大胜利。

问题12:您做期货以技术分析为主,请问您主要采用哪些技术分析手段?在不同的行情阶段,您是否会采用不同的技术分析手法?

王福生:其实我所有的方法都尝试,看过非常多分析方面的书,但是我哪一种都不是单纯用,而是综合地用。我在做期货中的感受是，所有的东西都是分析的方式和方法，是一种手段和工具。**就像警察破案，我需要利用一切线索，找到行情可能的发展脉络，就是要把破案的突破点提炼出来**。利用这些线索和工具，我才能找到市场可能出现的对我有利的局面。很多时候都是一种综合的分析，很多指标我都不是特别在意去看，反而关注更多的是行情的结构、市场的氛围、内在可能的逻辑关系等。总之是一种综合的分析，而且这种综合分析会给我带来情绪上的一种感受。如果是市场给我的情绪是非常放心的，我才会进场。如果是一种不安的感觉，或者经过综合判断之后，是一种负面的情绪，我就会非常谨慎。

不同的行情肯定要匹配不同的交易方式、运用不同的手段，震荡行情一定要保证本金不被消磨掉太多。如果出现趋势，但是有通道式特征的，就是行情不流畅，走一段回调一段，就要想办法把单子拿住，尽可能放低仓位，看看是否能做对冲，这样可以在比较震荡的通道趋势里很好地保住持仓。但是在比较流通的行情里面，又是另外一种办法。所以不同的行情需要不同的手段去做。日内和隔夜也是不同的。**想要一种方法能处理所有的局面，这是不大可能的。**

问题13：您如何看待技术分析的"不确定性"(即通过技术分析得出的一个预测只是一个假设，而不是一个确定的东西)？

王福生：我觉得基本面分析也是不确定的，因为没有一种办法能够把全世界所有关于这个品种的基本面信息都收集全，即便收集全了，能否有一个很好的研究模式把这些问题完全分析清楚，即使能分析清楚了，又怎么能够保证类似于天气这种情况不随时变化呢？所以我觉得**技术分析和基本分析要完全做到确定之后再入场，这是完全不可能的，也不需要**。想要完全确定后再入场，那么期货永远没有入场点了。投机交易的魅力就在于它的不确定性。如果一切都确定了，恐怕利润也就没有多少了。**期货的魅力就在于在不确定里如何面对不确定性，迎击风险**。大部分的时候，可以有很多方法保证在不确定的行情里面我做的交易的胜率，这就是期货投机所谓的艺术成分。

问题 14：您做交易时除了使用技术分析，还会结合基本面分析，请问您主要关注哪些基本面信息？通过哪些渠道去了解这些信息？在具体的交易中如何应用这些信息？

王福生：基本面的东西都是比较雷同的，我看的和大家关注的东西其实差不多。另外一个我比较愿意看的就是像《大趋势》这样的书。还有就是看技术方面的书，这个技术不是交易技术，是指科学技术方面。**我的看法是技术摧毁一切。大的政治、历史、社会方面的变动，我觉得是技术推动的**。一个技术革命就会带来巨大改变，甚至能改变历史走势。一般我获得信息就是通过大量阅读。我兴趣比较广泛，另外就是和朋友们交流，同时，期货公司会有很多这方面的信息。

每个人做期货喜欢的行情不一样，对行情的敏感点也不一样。**我一般看在行情大的变动前看自己能不能嗅到市场的腥味儿，我更愿意把着重点放在这些方面，或者是大的转折之前，或者是进行中，或者是前期**。我更希望市场的走势体现出这种苗头，并不是简单地说价格涨了或跌了。**市场的态势已经朝基本面展示的变化去发展了，这个时候我觉得是个很好的机会**。

问题 15：您觉得自己的分析方法、交易方法，是偏主观的还是偏客观的？您如何看待现在市场上比较流行的纯客观交易——程序化交易？

王福生：我应该更偏重主观。我分析过在期货上挣钱比较大的这些人的特点。首先他们善于跟随，出现行情他们肯定会在场。这些人高明的地方在于大的机会出现之前，他们是有预判的。这个"预判"和"预期"不一样，这与期望行情涨或者期望行情跌是不一样的，它有一个判断。这个预判表示有一些方式和方法，为这种大机会做各种充分的准备，出现了之后怎么办。这样行情来的时候，如果方向一致，肯定会追随。另外在信心和勇气方面，在单量方面，在持单的坚定性方面，因为有了一个预判，如果预判和市场吻合，那么勇气和信心方面就会很强，这与后期能做到暴利有很大关系。**如果有一个很好的预判，又追随得比较好，这两点能够完美结合，做到暴利的概率就比较高**。有些人认为期货不能主观，我持怀疑态度。很多行情就像破案一样，利用各种方式、方法能找到一些未来发展的脉络。市场里面有很多似是而非的说法，但是很多这种说法被实践者打破了。**我觉得事先的判断是非常重要的，如果这个不重要，何必做这么多的研究呢？**

对程序化交易，我没有什么评判的资格，因为我并不是非常了解。我只是听过几次这方面的课，另外就是从西蒙斯的著作以及网上的评论中了解的一些，没有深入研究。如果能做到西蒙斯这种层次，当然非常好，但是这种难度好像非常大，各方面的要求比较高。我觉得程序化未来的空间非常大，市场也非常大，我现在对它非常有兴趣，能节省很多时间和体力，在客观上能弥补主观的不足。我原先不太有兴趣，后来一些朋友利用程序化交易做得比较出色，收益率已经跑起来了，我对它的兴趣也就越来越浓厚了。

问题 16：您做期货以波段交易为主，中长线和日内交易为辅。请问您所做的波段交易一般持仓多少天？您做中长线交易和日内交易时，方向是否和波段交易相同？

王福生：最长的是2008年那次暴跌，大概持了将近3个多月。一直有持仓，做铜的下跌，最后平掉一些，大概在圣诞节前，就全部平掉了。**在我的逻辑里面，期货的风险很大，在场的时间越长，反而时时都有可能被市场教训，因为你一直在拳击台上。**

因此，兵贵胜，不贵久，如果这战打赢了，已经有了可观成果，我就尽可能退出来。还是以中短线的趋势是否走到尽头来判断，有时候持仓几天就出来，如果是通道震荡行情，拿的时间可能久一点儿，20天左右。

一般是一个顺势的思想，大方向出来不太会做逆势单，交易方向保持一致。但也有例外，有一些品种的波动是有迹可循的，在交易中肯定会发现一些规律。比较典型的盘中规律，有时候我也会小单反向做。

问题17：您觉得自己现在的交易方法是否已经成为一套相对完善的体系？这套体系的核心要点是什么？

王福生：我觉得自己的方法似乎已经成形了。在市场中我试过很多种交易的方式和方法，也尝试了很多别人的方法，看了很多书。现在已经形成相对固定的、自己比较熟悉的操作模式和分析方法，但是还在不断完善，系统的完善无止境呀。

我在交易的初期曾经有过爆仓经历，所以我对风险控制特别注意。这么多年下来，交易初期出现过比较大的风险，后期没有出现过大的风险。**风险控制是我交易中核心首要的方面。其次就是资金管理**。我曾经经历过10次的暴利经历，其中有一部分使我赚到了暴利，有一部分回吐很大。我意识到资金管理在利润保护方面起到很大的作用。我回吐的时候直接回到本金的状况比较少。前面我回吐的原因，没有因为方向看错的，都是由于资金管理不善，在不当的时间加仓或者加的仓没有及时处理。暴利之后应该要有一个比较好的利润保护，重新考虑各种模式、各种方式、方法来应对。我现在的模式初见成效，有的时候进攻不是最好的防守，而是进攻之后最好是防守。所以暴利之后最好是采取一种保守的策略，这样有利于保护利润，而且有利于心态控制。**第三个核心的东西是追寻趋势、寻找变化。**始终寻找趋势行情，因为只有大的波动行情才会有大的利润。**任何事情的变化都是有迹可循的，不可能瞬间就出现翻天覆地的变化。所以要寻找这种变化，打击这种变化。这往往是暴利的起点。**

问题 18：您比较偏好做白糖、白银、咖啡、铜等品种，为什么偏好这些品种？

王福生：最初做铜是因为我在铜上输过钱，对于这个品种比较熟悉就做起来了。后期在铜上翻了 10 倍，对它情有独钟。这么多年下来也比较熟悉了，它的波动也比较大，但它不流畅，有跳空，比较跟外盘。喜欢白糖是因为它跳空比较少，国内市场比较连贯，而且弹性很大，有点儿像股票，而且资金对白糖的左右，有时候很明显。因为有股票的交易经验，盘面的观察比较细致，找到过几次操作的破绽，赢了钱，所以比较喜欢这个品种。2009 年在糖上也赚了 10 倍多，它的节奏感、弹性都比较喜欢。白糖品种比较小，波动比较大。白银也是这样，弹性特别足，走起来比较连贯、持续。这些品种本身就比较容易出趋势，一旦出现趋势，持续性很强。**做期货肯定是为了追求大的利润，要找容易出大利润的品种来做。**实际上这么多年下来，这些品种确实给我带来了很好的利润。首先你要选市场，市场里面选做什么品种很重要。就好像同样的大豆和豆粕，近月、远月的走势是不一样的。有的逼仓的月份就走得很好，像现在外盘的棉花，遇到逼仓就走得非常棒，其他远月没有逼仓的月份就比较疲弱。所以**选择做什么非常重要，做什么品种什么合约已经决定成败的一半了。首先要选择对象，然后才是时机、技巧和入场点的问题。**

问题19：有人说"不同的品种有属于自己的个性，和不同的品种相处就像是和不同的人相处，只有摸清它的脾气品性了，才能相处得好，才能盈利"。您是否认同这样的观点？您觉得为什么不同的品种会有不同的个性？

王福生：不同的品种有不同的属性，这是毫无疑问的。品种本身的自然属性，贸易的模式，尤其是贸易方和投机者形成的交易状态，以及有影响的那些所谓的大户，他们的脾气秉性都对品种特性会有影响。**我们内心的结构和市场的结构吻合的话，就容易赚钱。你的个性特征、心理结构和市场、品种的结构属性吻合的话，就容易赚钱。**有一些品种比较暴烈，就适合有冲击力、敏锐的人去做，有一些品种比较黏，但是行情比较绵长，则适合比较淡泊的人，他的欲望不是很大，预期比较合理，耐心足、韧性比较强的人就容易赚钱。但是不能错配，这是对自己个性的认识和考验。

问题20：您是第三届(2010~2011)蓝海密剑期货实盘大赛中远征军年度第一名，请问您参加大赛的目的是什么？您觉得蓝海密剑的分组设计和评奖设计合理吗？

王福生：对于设计和分组没有关注过。**我当时是想，如果参赛了，就会有一个很好的平台与这些选手交流。因为这个平台在前几届产生了很多优秀的选手。**从他们的分享和讲解中我学到了很多的东西。和他们同台竞技就可以观察他们是怎么做的，如果我做得不好，我可以看一下和他们的差距在哪儿，他们又是怎么做好的。这是一个很好的观察和揣摩的机会。**还有一个就是我非常想知道有比赛压力的情况下，我自己的内在如何平静**，对自己的抗压能力和抗干扰能力也是一个锻炼。对于得奖啥的倒没去想，当时我对自己的信心也不是很大。最后发现自己能够承受这个压力，过程中也学到了很多的东西。当时我的收益达到过很高，然后想能不能更高。比赛和其他交易有点儿不同，因为比赛的账户资金不是很大，总是为了高收益，然后忽视一些风险。比如说同样一个单，我可能会考虑到比赛的因素，如果是非比赛状态，我会做得非常淡泊，该怎么做就怎么做，我以谨慎和小风险为原则，但是在比赛的情况下，会考虑如果这单做好了，排名就会好一点儿。在比赛中我这些方面做得不好，还需要历练。我已经走出了第一步，因为我已经意识到我的问题了。

问题 21：您是从 2009 年开始做外盘的，您觉得外盘的波动特性和内盘相比有哪些不同？内外盘的联动性如何？您会不会从内外盘的联动中寻找交易机会？

王福生：我做外盘当时是考虑国内某些品种还没有，而这些品种又可能会出现比较大的机会。外盘的特点，我首先感受到的不是它的机会多，而是感觉到它的风险大。因为我遇到过几次当天波动到 10% 以上的行情，甚至有达到 15% 的波动。现在国内的市场是不可能的，所以如果你发现单子错了，处理不及时或者资金的管理有一点儿的闪失，可能在暴利来之前已经爆仓了。**风险很大，相应的利润也比较大，当然是在做对的情况下。期货是一个对抗风险的游戏，首先看能不能顶住风险，然后才能谈利润的实现。**

内外盘联动是有的，像铜就比较明显。联动中可以把握住机会，有一些品种高开了或者低开了，产生一些联动的交易机会，但是这种机会主要体现在日内。我对当天利润的保护或者是减少持仓成本的操作运用得比较多。当然，大的机会还是在方向上。

问题22：看了您蓝海密剑的外盘参赛账户，资金曲线"跌宕起伏"，请问这"跌宕起伏"是因为外盘的保证金较低造成的，还是您交易比较激进造成的，或者是其他原因造成的？您的心情会不会和资金曲线一起"跌宕起伏"？

王福生：资金波动大我想各方面的原因都有，一个主要原因是外盘交易熬夜对体力是一个考验，如果半夜波动比较大，我当时没有盯盘，处理就不及时。我的交易方式是这样的，我能够放在交易里的资金都是风险资金，个人资金能够承受一定的亏损。我的交易逻辑是个人的资金亏损10%～30%不太在意，只要我的总资金不伤元气，投入的这部分资金在有机会的时候能够做回来，我不理会这笔资金短期亏多少钱。我会分成几块儿，比如这个账户投入的资金在这波行情中，我的目标是赚几倍，在利润目标到之前，不会去理会。**我把我的账户资金形容成特种部队，利用杠杆去完成一个个的大任务，允许它并接受它出现比较合理的亏损。**

但是操作其他人的资金我绝对不会用这种方法，一定要保证资金的平滑，相对而言就是回吐一定要小，这样才能保证金主和自己心理的松弛。如果经常波动比较大，电话早就进来了，对操作影响会很大。

我有过起落比较大的时候，当时因为年轻，不知道害怕，几乎没有因交易而失眠过。哪怕很不顺，也没有因为这个问题而困扰。我觉得可能和个性有关系，始终自信亏的钱还是能赚回来，所以大的心理起伏比较少。反而操作利润大了之后，出现回吐的时候担心多一些。

问题 23：您的交易风格是否属于激进型？非比赛账户的操作和比赛账户的操作模式相同吗？

王福生：我应该算比较激进的，但我对可能的风险，尤其是大的风险超级敏感，因为我有过早期的爆仓经历，知道风险带给我的是什么。在暴利和可能的爆仓面前，我选择回避风险。股票和期货相比较，冒同样的风险，期货就应该有更大的收益，我觉得做期货应该要赢取比较大的利润。暴利的方式有多种，有些可能是利润长期复利积累，而我这么多年实践下来，隔一段时间会有一个爆发式的跳跃。我曾经看过一本书，书中写到：**亏小钱的办法就是先赚到一笔大钱。有的时候行情需要你超级保守，但有时候你对对手的把握性已经非常高的情况下，你需要很快的动作去打击。**我这些年如果天天激进，恐怕早就被淘汰掉了。我的交易方法让人看起来很激进，实际上我自己认为是很安全的。**只有在有保护，以及做了最坏的打算的情况下，出现熟悉的信号值得我去做的时候才会出击，而且还会有一系列做错之后的防护措施。**如果单纯靠运气或者单纯一次的冒险，我不可能有这么多次 10 倍的经历。这么多年下来我的交易过程证明了我的方法，给了我信心。

问题 24：您如何看待某些投资者轻仓交易、严格控制资金回撤、小幅稳步盈利的交易模式？

王福生：**交易模式的选择或者盈利模式的采纳，一定与交易者本人的心理特征有关系。**有的人可能缺乏耐心，有的人可能善于灵活出击，抓住好的时机奋力一搏，有的人善于保护，这就决定了他会采用什么交易方式。我觉得没有什么好坏之分。我们看索罗斯狙击英镑，看他的操盘手德鲁肯米勒，他们的方式放大了那么多杠杆，又借了很多钱，岂不是更激进？但实际上他们能够把控，有一系列防范的措施。有一些人适合慢慢增长，这也是他的优势所在。这种方式就是建立比较轻的仓量，然后严格控制止损，我也采纳过。这要看什么样的市场环境，市场比较迷乱的时候，适合采用这种方式，还有就是趋势性的走势，可能在震荡、回调比较频繁的话，应该比较适合这种方式。重仓或者比较激进的做法一定是在条件成熟的时候，在市场出现一个安全节点的时候，才可以采纳。如果经常采纳的话是要有麻烦的。

轻仓，小止损，这种方式我很赞同，身心疲惫的时候，你又不想放弃行情，就采用这种方式好了。这是一种比较轻松的方法。

问题25：郭树清主席上任后，我国的证券市场、期货市场迎来了新一轮的变革和进步，您是否看好我国期货资产管理的发展空间？您自己在期货市场的下一个目标是怎样的？

王福生：我看好这个市场，在这个市场里前进了这么多年，我觉得未来的空间当然是超级好的。2000年以前我看过一个报道，曾经有机构做过分析，未来哪些行业发展空间最好，当时有股票市场，还有一个是期货市场。那时候股票市场的市值大概有3万亿，高峰的时候达到了30万亿，膨胀了10倍，期货市场在我说话的时候已经开始加速膨胀了。未来的空间无论从行业的业态，还是国家宏观的产业层面的需求来说，前景都很大。**我自己在期货市场最切实的目标就是让我的交易技巧、操作方法和思维方式能更成熟，实现交易过程的完美，让我在面对市场的时候，无论顺境还是逆境能够达到举重若轻的状态，这是我最大的目标。**

Sampras：尽量不亏钱，能赚多少看运气

(2012年6月27日　沈良、翁建平整理)

参赛昵称：Sampras。

参与过股票、权证、外盘交易，2008年开始做期货。大赚过，也爆过仓，现以中长线交易为主，仓位较重，用盈利出金的方式保护利润。

第三届(2010～2011)蓝海密剑期货实盘大赛少校晋衔奖。

访谈精彩语录：

你们看我的账户现在还是很重的仓位，实际上我是把钱转出来了，按照总资产来算，"仓位"就很轻了。

期货2010年上半年春风得意，内盘翻了10倍以上，外盘30000港元3个月做到80万，然后9月一个月因为逆势摸顶内外盘全爆成零。

如果期货账户资金是你资产的大部分的话，肯定不能重仓交易。

期货的魅力之一本来就是杠杆交易，如果不用杠杆就不必做期货了，我是这样想的。

做期货首先是不要亏，只要能持续做，回报肯定会比股票要高得多。

我可以承受期货账户全部资金爆掉的风险。

真正的高手是跑马拉松的，而不是跑短跑的。

做期货没有一个人敢打包票每年翻倍。

真的持续好几年每年赚100%，那也只能是极个别的人可能可以做到。

我现在做交易有个原则，首先看周线的趋势，周线向下，我做空，周线向上，我做多。

以前大赚大亏都会睡不着，现在已经很平常了。

情绪的波动对交易确实影响很大。

只要保全本金，心态好一点儿，肯定能赚很多钱。

我一般看大周期的周线、月线确定品种的主要趋势，然后根据日线进场。

时间的投入和用心的投入能帮助交易者建立好的盘感。

盘感可不可靠要看不同的人各自的特点，还要跟资金管理结合，不能随时随地都靠感觉做。

我觉得程序化交易是个误区。

我也说不清以后是继续赚还是亏，在交易市场对未来是最不能确定的。

我首先会看周线，把品种都看一遍，看哪个有大的机会就杀进去。

我一般做3个品种，这样风险会分担一点儿，我也不会同时做关联性很强的品种。

有行情的时候，所有品种不会同步。

外盘和内盘在机会和风险基本上差不多，最大的差别就是杠杆和交易时间。

参加比赛可以看看别人的交易方法，对提高自己的交易水平有一定的帮助。

我的目标是尽量不要亏钱，能赚多少则要看自己的运气。

问题1：Sampras先生您好，感谢您在百忙之中接受期货中国网和东航金融的联合专访。您2008年开始做期货，那一年金融危机的暴跌行情您做到没有？您当时是怎么处理那一波暴跌行情的？

Sampras：2008年我开始做期货，以前是做股票的，刚开始投了10000块进去想玩一玩，也没怎么做，暴跌行情只抓到一点点，期货刚刚开始的时候赚了几万块钱，但是2008年的股票亏得很惨。当时做期货主要是刚刚试手，没有投很多的精力进去。

问题2：您做交易仓位比较重，一般仓位都在80%左右，请问您为何做这么高的仓位？您如何看待重仓交易的风险？

Sampras：有一年武汉有一个叫万群的"老太太"从40000块做到1000多万，然后爆仓，只剩50000。我其实是有点儿受她的启发，她既然能从40000做到1000多万，我如果能抓到一次那就发财了，我刚开始就用这种思路去做，所以仓位比较重。前3年有过两次刻骨铭心的爆仓，已经到了严重影响家庭生活的程度，这是我绝对不想再经历的生活，从2011年开始就有所变化了，**你们看我的账户现在还是很重的仓位，实际上我是把钱转出来了，按照总资产来算，"仓位"就很轻了**，所以我现在就采取这种策略来避免"爆仓"的危险，我这个账户里的钱如果爆掉对我生活影响也不是很大，这样我的心态就会比较好。用所有的流动资金去重仓交易确实很危险，我现在不会这么去做。这两年我认为股票将进入一个长期的空头市场，因此精力主要放在期货上，而且自己大部分资金都买成债券，等待股市大底形成后再杀进。我的投机生涯大起大落过两次，一次是2007～2008年做股票，首先从20万翻了10倍到200万，然后2008年5000多点逃顶成功，3000多点因为借证券公司钱抄底在大跌到1600点被迫斩仓导致爆仓。**期货2010年上半年春风得意，内盘翻了10倍以上，外盘30000港元3个月做到80万，然后9月一个月因为逆势摸顶内外盘全爆成零。**后来小爆仓也时有发生，但经历过几次打击之后，我已经充分意识到重仓交易的后果，自己也思考了一些应对方法。现在我处理得还可以，这两年资金回撤控制得还行，一般赚到一些钱我就会出掉一点儿。

问题3：也有人强烈反对重仓交易，他们认为做期货必须每时每刻都要保持轻仓，否则总会遇到大风险，对此您怎么看？您会不会觉得轻仓交易是对资金的闲置？

Sampras：对这个观点我既赞同又反对，这要看做期货的钱占总资产的比例。**如果期货账户资金是你资产的大部分的话，肯定不能重仓交易；如果只是你资产的一小部分，比如10%~20%，那重仓去做也无关紧要。**要有心理准备，如果有一天有系统性风险真的爆掉了，也能够坦然接受，那就无关紧要了，重仓交易都没问题，而且钱放在账户里闲着也没利息。**期货的魅力之一本来就是杠杆交易，如果不用杠杆就不必做期货了，我是这样想的。**

问题4：一般来说，重仓交易的人都期待着能够获得较高的回报，请问您对一年投资回报的预期是多少？为了获得这样的回报，您愿意承担多大的风险？

Sampras：我做了这几年期货之后，感悟很多，现在不会给自己定一个回报的预期。我的想法是，**做期货首先是不要亏，只要能持续做，回报肯定会比股票要高得多。现在我可以承受期货账户全部资金爆掉的风险**，在经历了两三次爆仓之后，我的心态已经能做到比较平和了，不会因为心态不好失去理智，2010年那次爆仓自己总结原因就是因为完全失去理智所导致的，因为当时只有一个信念，我要扳回来，和输红了眼的赌徒完全一样。

问题5：某些期货交易高手连续几年都获得了每年100%以上的投资回报，您觉得这种高回报能否持续？为什么？

Sampras：我觉得短期赚100%问题应该不大，一些比赛选手几个月可以翻几十倍，但这种状态肯定是不可持续的。**真正的高手是跑马拉松的，而不是跑短跑的**，期货因为杠杆原因，短期收益高一般回撤也大，最后实际赚的钱并不会很多，除非他能保住利润不再放在市场里。**做期货没有一个人敢打包票每年翻倍**。我对国内那些基金经理的水平不敢恭维，他们不可能获得很高的回报，要不早就把钱赚完了。**真的持续好几年每年赚100%，那也只能是极个别的人可能可以做到**。

问题6：您做期货有过爆仓的经历，您在爆仓的时候，心理感受是怎样的？您有没有从爆仓中总结经验教训？

Sampras：教训肯定吸取了，刚开始几次爆仓心理是很痛苦的。2008年做股票爆仓过一次，因为借钱放大杠杆做，那个股票30元跌到8元，自己的200万只剩下20万，再还掉其他借的钱基本为零了，等于说自己的钱全部亏完了。第一次爆仓时觉得天都黑了，因为家里的钱都给亏光了，已经严重影响到家庭的生活，最主要的是信心受到严重打击，不知哪年才能回来。第一次爆仓后去书店花了几千块钱买了很多书看了个遍。2009年后股票我就没怎么做了，主要精力做期货。2010年有一次做棉花，前面做得很好，从几万做到几十万，后来自己擅做主张去摸顶抛空，涨了就砍掉，然后再摸顶，就这样把钱摸掉了。**我现在做交易有个原则，首先看周线的趋势，周线向下，我做空，周线向上，我做多**。按照这个规律来做，基本上还可以，不会像以前一样，资金回撤得这么厉害。**如果翻了倍我肯定要出掉大部分钱，剩下的就算爆了，心态也是很平和的。**

问题7：您做期货也有大赚的经历，一次大赚后，您在情绪上更多反应的是自信、坚定，是自负、放松警惕，还是充满期待、美好盼望？

Sampras：我之前爆仓，就是因为大赚后觉得自己很了不起，这一点教训我已经吸取了。现在即使赚了很多，我的心态都很平和，就跟平常一样。自信肯定是有的，我觉得我现在的心态很平和，感觉大赚大亏都是很平常的事。**以前大赚大亏都会睡不着，现在心里基本不会起太大波澜，任何情况都还可以做到进行冷静分析后再采取对策**。我做短线比较少，单子都是比较长期的，不会在乎一天两天的价格波动。

问题8：您觉得情绪的波动对交易过程和结果的影响大不大？投资者应该如何协调自己的情绪？

Sampras：我觉得**情绪的波动对交易确实影响很大**。当然，这也要看是什么性格的人，我这种性格还算比较能沉得住气，不是外向型的。外汇我也做过，因为杠杆大导致波动确实太大了。情绪的波动对交易的影响肯定是有的，最好是情绪不要波动，平和一点儿对交易才有好处。巴菲特说过，最重要的是保住自己的本金。我在经过两次爆仓后觉得这一点儿真的说得太好了，**只要任何情况下都**

能保全本金，心态好一点儿，肯定能赚很多钱。如果情绪波动很大，一般我会停止交易，空仓出来，观察几天再说。

问题9：您现在通过盈利后出金的方式保护利润，这是不少高手都在用的资金管理方法，您觉得种方法是不是最好的保护利润的方法？为什么？

Sampras：我觉得是挺好的方法。是不是最好我也不清楚，其他方法我也没用过。**盈利出金后，账户的资金就相对小了，心态就会比较平和**。我是在经历过爆仓的惨痛教训后，经过思考开始使用这个方法的，这两年用下来觉得很不错。

问题10：您做交易以中长线为主，请问您主要看哪个级别的K线？更小级别的K线您会关注吗？在具体进场时，您会不会参考小周期的交易机会？

Sampras：**我一般看大周期的周线、月线确定品种的主要趋势，然后根据日线进场**。进场点是很难把握的，我会选相对安全的点，有时候也会看外盘的4小时线。现在是空头市场，我绝对不会做多头，不会考虑小周期的交易机会。

问题11：如何出场一直是不少中长线交易者的困扰，他们总是在行情走反较多的时候才确定方向不对头，而这个时候出场利润回吐会比较多，您是否也会遇到这样的问题？您有没有较好的解决办法？

Sampras：如果是做大趋势的，肯定会遇到。**我采取的方法一般看周线，进场走了一段以后，如果跟均线偏离太大，利润很多，就会根据日线的反向来减仓或平仓**。如果现在是空头市场，反弹破10日或20日线(采用哪条具体看品种)，那就肯定会出掉一部分，或者全部平掉，把利润拿走，再重新找点位做进去，当利润比较多的时候，肯定要落袋为安，当然也可以留一部分利润在里面，但起码平掉一半的仓。另外一半仓，如果你觉得趋势还在，就可以继续持有，但要做好那另一半利润不要了的打算。**如果是反转，突破周线趋势，那肯定是要全部平掉**。我一般就是这样处理。

问题 12：您做交易会结合技术分析和基本面分析，请问您先分析基本面确定方向，再从技术分析上找进场机会，还是先看技术进场机会再找与之吻合的基本面信息呢？您觉得哪种方法更好？

Sampras：我觉得**先看技术再找基本面会好一点儿**。先看均线趋势，再看看有没有一些消息跟它吻合的。像今年的空头市场，欧债危机、中国经济减速对工业品有一定影响，技术面已经成熟，消息面又有这么多支持，我就会做。

问题 13：您做交易会凭自己的感觉，您觉得自己是否拥有较好的"盘感"？是否每个人都能建立"盘感"？投资者具备了什么条件才能建立好的"盘感"？

Sampras：我不知道是不是盘感在起作用，只是这两年做得还可以。**我想盘感应该每个人都有，其实跟打球、开车一样，时间长了总会有"盘感"**。当你经历过大起大落，就会有更好的盘感。如果各个品种仔细去观察，都会有点儿感觉，这也算是盘感。用心去投入到这个市场，然后交易过一段时间，会有一些好的"盘感"。我做了几年之后是比刚开始好了一些，我觉得**时间的投入和用心的投入能帮助交易者建立好的盘感**。

问题 14：有些人高度赞美"盘感"，认为神来之笔往往来自"盘感"，而另一些人则高度否定"盘感"，认为"盘感"这东西最不可靠、不可复制。您如何看待"盘感"交易的好处和坏处？

Sampras：我觉得盘感就是一门技术，跟人相关。**盘感可不可**

靠要看不同的人各自的特点，还要跟资金管理结合，**不能随时随地都靠感觉做**，不好的时候，要靠其他手段控制交易的频率和资金量。

问题15：也有些交易者完全不相信感觉，完全不去预测，只做机械化的程序化交易。您如何看待程序化交易？您觉得程序化交易能够持续盈利吗？

Sampras：程序化交易我是不赞成的。程序化交易可能会在小周期内赚到钱，但就算能盈利也不会大规模地盈利。**我觉得程序化交易是个误区**，像美国那么先进的金融市场也是这样，因为市场是人参与的，一套程序化交易的模型可能在某个阶段能赚到钱，到后面肯定会修正掉。美国有个获得诺贝尔奖得主开的基金公司就是做程序化的，后来也被打爆了。**我不太建议小投资者去做程序化交易。**

问题16：有朋友说，成功的期货交易者，要么靠天分，要么靠勤奋，要么两者皆有，您觉得自己之前做期货获得的利润主要是靠天分还是勤奋？您觉得自己以后将主要靠天分还是勤奋获得期货交易更大的成功？为什么？

Sampras：我比较喜欢打球和看体育比赛，这么多年各种体育比赛的顶尖者都是具有很高天分和相当勤奋才获得成功。我觉得作为成功的期货交易者应该两者皆有，我自己应该是靠勤奋多，因为我一直对交易有兴趣，我花了这么多年时间，自己坚信只要坚持下去肯定会有所收获。**我也说不清以后是继续赚还是亏，在交易市场对未来是最不能确定的。**我每天去东航看其他优秀选手的排名表，我会看看他们的仓位、资金回撤程度，我会去找一些好选手看看他们是怎么做的，想想自己跟他们有什么不同，总结一些经验出来。

天分已经定了，以后还是要更勤奋才能获得更大的成功。

问题 17：您做期货没有专门做某些品种，而是根据市场机会选择品种。请问您如何确定某个品种有交易机会？您做一个品种或不做一个品种，是否有具体的标准？

Sampras：我可能有一些偏向，但没有限定做哪个或哪几个品种。**我首先会看周线，把品种都看一遍，觉得哪个有大的机会就杀进去**。品种配置方面一般不会满仓做一个品种，**我一般做 3 个品种，这样风险会分担一点儿，我也不会同时做关联性很强的品种**，而且将 3 个品种有波动大和波动相对小的一起配置，这样风险相对能降低一些。

问题 18：您有没有遇到自己交易的品种行情不流畅，而其他品种则走出了流畅的行情？遇到这种情况时，您会不会换品种？

Sampras：我其实是经常换品种的。**有行情的时候，所有品种不会同步**。我刚刚说过，我会做 3 个品种，选一个龙头品种，一个中间的品种，一个走得慢一点儿的品种。遇到你说的这种情况，我可能会换品种，但我是靠感觉去换，感觉好的时候就换对了，不好的时候就换错了。

问题 19：除了做期货，您也做过股票和权证，您觉得期货、股票和权证相比，哪个更有挑战性？您更喜欢交易哪一个？

Sampras：**都有挑战性，更喜欢交易期货**，因为期货让我赚钱，现在主要精力也放在期货上。股票可以按更远的周期来买，一般波动不会那么大，也没有杠杆，按照月线、周线做进去放在那里。今年也没怎么做股票。权证以前做过，就当股票炒。

问题 20：期权可能会在不久的将来上市，对期权您有没有关注过？有没有研究过？如果期权上市，您会不会参与？

Sampras：关注过，因为外盘会有期权，也买过相关的书看过。期权是跟现货或期货挂钩，除非研究得很透彻才能做好。**如果国内期权上市，我会考虑参与。**

问题 21：您也做外盘期货，您觉得外盘期货和内盘期货相比，哪一个机会更多？哪一个风险更大？它们之间最大的差别是什么？

Sampras：其实是差不多的，主要是看人，**外盘和内盘在机会和风险基本上差不多**。外盘就是连续性会好一点儿，几乎 24 小时交易，还有外盘的杠杆更大。**我觉得最大的差别就是杠杆和交易时间**，机会和风险是要看人的。现在外盘我也没做了，要兑换外汇，比较麻烦。现在内盘跟外盘基本差不多，所有的品种都有关联，而且外盘活跃的时间又在晚上，做外盘人弄得辛苦，身体不行亏得会更多。

问题 22：您参加蓝海密剑的比赛用的昵称是"Sampras"，翻译过来应该是"桑普拉斯"，它是不是一个人名？您为什么取这个名字？有没有什么特殊的含义？

Sampras：是一个人名，我比较喜欢打网球，20 世纪 90 年代最厉害的网球选手就叫 Sampras，后来网名都用这个，没有别的含义。

问题 23：您参加比赛时，具体的交易动作会不会因为追求排名、被人关注等因素而发生变化？您觉得参加比赛能否提高自己的交易技能？能否提升自己在交易中的心态管理？

Sampras：参加这个比赛也很巧，我为什么会在东航开户，因为单位的网络有防火墙，不能用软件下单做期货（只能通过网页下单）。2008 年的时候，几乎所有的期货公司都不能通过网页下单，只有东航那时候推出了网页下单，所以就在那儿开了户。比赛对我心态的影响不是很大，**参加比赛可以看看别人的交易方法，对提高自己的交易水平有一定的帮助。**

问题 24：如今期货私募有限合伙基金、公募基金专户产品、信托基金等正规的期货资产管理模式都已在运作，期货公司 CTA 资产管理业务也即将开闸，您是否看好我国期货资产管理的发展空间？您觉得在期货资产管理时代，哪个群体或哪些群体将成为最大的受益者？

Sampras：我觉得个人投资者不会很多去参与，跟现货有关联的公司会比较合适。**我对期货资产管理的发展空间没有很好的预期，我不觉得会迅猛发展。**跟现货有关的大公司可能会在期货资产管理方面受益。

问题 25：最后，请您谈谈自己在期货市场的下一个目标？

Sampras：**我的目标是尽量不要亏钱，能赚多少则要看自己的运气。**我有一份工作，也不用靠期货去养家。我觉得期货这东西除非是私募管理机构或者很大资金量、很多产品，才需要专职去做。如果是散户兼职做就可以了，这样心理压力小一些，反而会做得好一些，专职去做压力大，对交易不会有太大的好处。

杨行贵：大胜的启蒙胜过大败的教训

(2012年7月2日　王芳整理)

杨行贵：厦门人，2008年大学毕业后开始从事期货投资，现为专职期货交易员。一般做周线级别的趋势，用波浪理论结合时间周期，以价格突破作为判断趋势开始的直接信号。

在第三届(2010～2011)蓝海密剑期货实盘大赛第一季度中以484%的收益率获得第三名。

访谈精彩语录：

冲动地办了几张信用卡，通过取现筹了10000来块钱，投机生涯就此懵懂开始。

初入陌生领域，完全凭感觉操作，亏了就砍，砍了又亏。

做期货和打仗一样，知己知彼，方能百战不殆。

徘徊在得失之间，我加深了对趋势的理解，也更明白了资金管理的重要性。

就像动物回刍一样，慢慢体悟，逐步完善自己的交易系统。

为何在市场之中一直亏损，那是因为没有大赚过，大胜的启蒙胜过大败的教训。

正确的交易理念、逻辑体系和人生哲学才是期货交易的"明灯"。

领悟自己的期货人生哲学比盈亏更重要。

由数字带来的感官刺激终究会平缓下来直至麻木，期货这背后一定有东西比盈盈亏亏更重要。

期货交易是达到心灵自由的一种修行，财务自由不过是其副产品。

因敌而设，人为制造的态势就是趋势。

我一般做周线级别的趋势，用波浪理论结合时间周期，以价格突破作为判断趋势开始的直接信号。

期货如人生，有舍才有得，趋势交易者应该尽量放弃震荡行情。

时间可能是判断震荡行情结束的第一标准。

操作领导市场的板块和板块内领导的品种，集中优势兵力。

加仓时机的把握需要技巧，对趋势交易者来说，趋势行情的展开是加仓前提。

对交易的管理也是期货交易很重要的部分。

市场总会想方设法不让我们参透，我们能做的就是适应市场，保持对市场的敬畏。

行情就在那里，没有离大家远去。

操作短周期内的轮涨格局比普涨更有难度，策略上需要唯变所适。

盈亏是交易的一部分，理当接受，没有必要因此更改自己的交易系统。

亏损虽是结果，但过程是收获。

不知重仓之害，焉知重仓之利，一击不中，全身而退。

如果不是真正喜爱，不足以支撑我走到现在。

我希望自己成为一名纯粹的期货交易者。

树立正确的交易理念、逻辑体系和人生哲学，获得财富是自然而然的事。

我会把期货当做一辈子的事业来做。

问题1：杨行贵先生您好，感谢您在百忙之中接受东航金融和期货中国网的联合专访。您在2008年底进入期货市场，请问当时是在怎样的境遇下接触到期货并参与期货交易的？

杨行贵：2008年9月厦门投洽会我去凑热闹，出于对投资一贯的兴趣，在展台了解香港黄金后，就上网查到了期货，并被期货交易的高收益深深地吸引。当时虽然很心动却苦恼刚毕业没钱，于是**冲动地办了几张信用卡，通过取现筹了10000来块钱，投机生涯就此懵懂开始。**现在回头看，有偶然中必然的意味。**当时的我其实就是无知无畏，现在想来还后怕。**

问题2：您在第三届(2010～2011)蓝海密剑期货实盘大赛第一季度中以484%的收益率获得第三名的好成绩，请问您是怎么做到的？当时主要抓住了哪几波行情？您觉得自己取得如此好成绩的主要原因是什么？

杨行贵：2010年7月我通过客观分析，预期美豆会有一波较大级别的上涨趋势行情，经过仔细斟酌之后选择了做多豆油。经历5月合约到9月合约的转换阶段后，我成功抓住了豆油从7500～10500元这一波3000点的行情。**在策略上，我选择用多笔交易波段式操作把握一个完整趋势；在资金管理上，遇上有把握的行情时则选择重仓操作**。其间因为波段操作，在进出场时机判断上也出现过问题，导致收益有所降低，不过总体还是满意的。究其原因，我想主要还是：**一是市场有好的行情；二是自己的操作手法符合这样的行情；三是运气不错**。

问题3：您在蓝海密剑期货实盘大赛中取名"hungry"，为什么会取这么个名字？是不是一定程度上表明了您进入期货市场的原因？

杨行贵：这倒与期货市场无关，无非就是跟我名字有些音近，说"stay hungry"的话，就当是求知若饥。

问题4：您刚开始做期货时，曾经亏到剩下的资金量无法购买一手玉米合约，总共亏损了多长时间？当时是怎样的心情？您又是如何调整自己心态的？

杨行贵：当时总共就10000来块钱，基本能开仓的品种都去尝试操作，**初入陌生领域，完全凭感觉操作，亏了就砍，砍了又亏**。大概两个月的时间里，几乎没有一笔交易赚钱，于是越亏越少，最后连一手玉米都开不了仓。那段时间，我不断质疑自己做期货的必要性，情绪非常失落。适逢2009年春节将至，我索性停止交易开始反省自己。最后得出结论是：**做期货和打仗一样，知己知彼，方能百战不殆**。

问题5：从亏到玉米都开不了仓到获得期货实盘大赛奖项，这期间您经历了什么样的转变？有没有形成自己固定的交易系统？

杨行贵：2009年我开始大量阅读有关期货投资方面的书籍，不仅学习书上的操作技术，更注重交易心态的培养，同时继续用小资金试刀。那段时间，我一直坚信学习能帮助我找到期货交易的"明灯"，结果却大失所望。当然一段时间的刻苦训练并不是全无收获，我觉得自己对期货的认识更全面理性，自己的信心也在逐步提升。

2010年上半年我增加了入金量，并开始学习实践波浪理论和时间周期，被其有效性所深深吸引，也对其晦涩难懂时时迷茫。3～4月期间，我在天然橡胶09合约的操作上获得了成功，却在4月和5月份在白糖01合约的操作中逆势重仓。**徘徊在得失之间，我加深了对趋势的理解，也更明白了资金管理的重要性。**

2010年下半年整个期货市场开始反转，通过在豆油交易上的一次大胜，我突然顿悟期货市场该如何赚钱。这次"豆油大胜利"也成了我日后交易系统的最大启蒙者，我之后的交易策略就围绕此次展开，分析哪些是我的优势，哪些需要精进，**就像动物回甘一样，慢慢体悟，逐步完善自己的交易系统。**我曾戏言：**为何在市场之中一直亏损，那是因为没有大赚过，大胜的启蒙胜过大败的教训。**

问题6：您在亏损后，曾大量阅读国内外交易书籍，试图寻找交易的"明灯"，结果却让您失望了。现在您找到心目中那盏"明灯"了吗？对期货投资者来说，您觉得什么是期货交易的"明灯"？

杨行贵：相信很多人都和我有类似经历，恨不得找到一种永远正确的方法，也就是我所说的"明灯"。期货交易的"明灯"到底是什么？我觉得自己隐约看到了，但讽刺性的是这好比望山跑死马。现在想来，**正确的交易理念、逻辑体系和人生哲学才是期货交易的"明灯"**。其中，**领悟自己的期货人生哲学比盈亏更重要。**

问题 7：您认为，领悟自己的期货人生哲学比盈亏更重要，请问您的期货人生哲学是什么？您是怎样领悟的？

杨行贵：2010年11月16日我尾盘满仓做多豆油，第二天开盘豆油就跌停了。看多了别人在期货市场的跌宕起伏，到现实体验自我惊心动魄的经历，我就在想人生实在太刺激了。**由数字带来的感官刺激终究会平缓下来直至麻木，期货这背后一定有东西比盈盈亏亏更重要**。一个人静心反思时，我越发认识到：**期货交易是达到心灵自由的一种修行，财务自由不过是其副产品。**

问题 8：您认为，期货交易者不能没有自己的交易原则。在日常交易中，您的交易原则有哪些？当交易原则和主观意念冲突时，您如何战胜自己的主观判断？

杨行贵："随心所欲，不逾矩"的"矩"就是交易原则。我曾经随心所欲过：凭感觉进场，临时起意走人，死扛不止损，听信他人错过最佳时机，缺乏耐心等等。吃够了苦头后，痛定思痛并痛改前非，制定自己的交易原则并严格执行。**当交易原则和主观意念冲突时，我认为主观判断不需要被战胜，让市场证明就可以了，这是主观型趋势交易者的客观性。**

问题 9：您是做趋势交易的，主要做哪个时间级别的趋势？市场的趋势到底是如何形成的？推动力量又来自哪里？您一般用什么方法判断趋势的开始与结束？

杨行贵：对于什么是趋势，我其实也在不断理解中，之前认为高点不断抬高或低点不断降低就是趋势。看了《孙子兵法》后，现在对趋势的理解有些变化。孙子云："人皆知我所以胜之形，而莫知吾所以制胜之形。"按我的理解，高点不断抬高或低点不断降低就是"以胜之形"，这个趋势大家都看得到，那看不到的"制胜之形"

是什么呢？趋势。给个定语就是必趋之态势，必趋就是"出其所必趋，趋其所不意"，**因敌而设，人为制造的态势就是趋势**。"兵因敌而制胜"就是出奇，奇正之用就是推动力量，所以"战势不过奇正，奇正相生，不可胜穷也"。

就个人而言，**我一般做周线级别的趋势，用波浪理论结合时间周期，以价格突破作为判断趋势开始的直接信号**。对决定趋势空间和时间的资金管理与交易策略，我一般都会经过谨慎的基本面分析后才制定。**如果一波上涨趋势在一定的时间框架内，结构完备(指5浪结构)，并且趋势末期对市场利多信号的反应并不上涨，这是危险信号，预示这波上涨趋势可能要结束**。

问题10：对趋势交易者来说，最悲剧的就是出现震荡行情。但事实上震荡行情延续的时间往往比趋势还长，您如何处理震荡行情？怎样规避或减少震荡行情中的洗盘损失？

杨行贵：期货如人生，有舍才有得，**趋势交易者应该尽量放弃震荡行情**。不过现实世界总是猛一回头才发现：哇，这是震荡行情。**对震荡行情的预判，我有几个方法：多空胶着的市场、资金持续流出的市场、投资者心理迷茫的市场等。另外，时间可能是判断震荡行情结束的第一标准**。

问题11：到目前为止，整个国内商品期货交易市场总共有27个品种，还有中金所的股指期货以及今年可能推出的国债期货、原油期货、鸡蛋期货等等。这些已上市交易的品种中，您都参与过吗？有没有自己偏好的品种？怎样判断一个品种有没有交易机会？

杨行贵：我很期待新品种的上市，现有品种基本都参与过，没有特别偏好的品种，所有品种在趋势机会面前一视同仁。**一个品种有没有交易机会需要经过基本面和技术面的分析，比如波浪形态完**

整处、重要点位支撑与压力位、时间周期处、利好不涨或利空不跌(之前常有一波趋势)等都是交易机会。

问题12：您一般同时持仓几个品种？如果多个品种同时出现交易机会，您是如何取舍的？

杨行贵：操作领导市场的板块和板块内领导的品种，集中优势兵力，一般不会超过3个，不会四面出击。另外，在选择品种时，我会适当考虑风控比和自己对品种的熟悉程度，增加心理优势。

问题13：您一般首次进场的仓位是多少？如果您同时持仓的多个品种,有的已经开始趋势行情，有的还没有，您是如何加仓呢？有没有固定的加减仓原则？

杨行贵：首次进场一般仓位控制在30%～50%左右，把握大时增加仓位。**加仓时机的把握需要技巧，对趋势交易者来说，趋势行情的展开是加仓前提**。加仓容易导致前期盈利时低头寸，后期面临调整时高头寸，所以加仓要考虑风险，**我一般采用金字塔式加码，按照2：2：1或者3：2的比例**，位置选择在趋势再次确认的关键点，分批头寸独立止损，对任何亏损头寸绝不加码摊平亏损。

问题14：您隔夜的仓位一般占到资金量的多少？隔夜仓次日大幅浮亏怎么处理？会事先设置止损点，还是根据行情变化决定止损幅度？

杨行贵：**如果不是趋势行情的话，基本不留隔夜仓**。我曾"荣幸地享受过"满仓多单隔夜后第二天开盘即跌停的待遇，市场连止损机会都不给我。因此期货交易者开仓时就需要对市场审时度势，辩证地思考问题。

问题15：一天的交易结束后，您还会做与交易相关的事吗？主要有哪些？

杨行贵： 会的，**对交易的管理也是期货交易很重要的部分**。收盘后，我做的跟交易相关的事情主要包括：复盘、填写交易行情管理表格、隔天交易计划等。

问题 16： 2010 年 11 月，期货交易手续费大幅提高，而 2012 年 6 月 1 日，手续费又下降了不少，这两次调整手续费都导致不少品种的波动节奏相比以往发生一定的变化。您觉得这类变化会不会导致某些盈利模式失效？会不会把某些类型的交易者驱逐出市场？

杨行贵：手续费的提高和降低对趋势交易者其实没有影响，是否驱逐某些类型的交易者，我不清楚，也许这就是市场的本来面目，**市场总会想方设法不让我们参透，我们能做的就是适应市场，保持对市场的敬畏**。

问题 17： 现在很多交易者都有这种感觉：行情要么不动，要么一步到位。和原来成交量活跃时期相比，稳定活跃的行情似乎已离大家远去。您觉得哪些因素导致了现在的局面？

杨行贵： 活跃与不活跃，好比趋势与震荡，这是相辅相成的。观察春节前一波金属涨势和节后的一波豆类涨势，还是不错的，**客观地说，行情就在那里，没有离大家远去，可能操作短周期内的轮涨格局比普涨更有难度，策略上需要唯变所适**。

问题 18： 蓝海密剑期货实盘大赛进入第四届后，您的交易表现不如以往顺利，账户出现过一定程度的亏损。您觉得主要原因是什么？是不是和手续费、大合约制有关？有没有尝试更改自己的交易系统？

杨行贵： 趋势交易者与手续费升降和大合约制没有必然关系，**盈亏是交易的一部分，理当接受，没有必要因此更改自己的交易系统**。当然，改进系统是必须的。**亏损虽是结果，但过程是收获**。走进内心反省自己，有如下几点收获：(1)对趋势如何产生和结束有了更深的理解；(2)**不知重仓之害，焉知重仓之利，一击不中，全身而退**；(3)**学会止损**；(4)**交易需要平常心**。

问题19：就目前而言，您觉得自己在期货交易中有哪些不好的习惯？最大的瓶颈在哪里？有没有想好突破方法？

杨行贵：对正解的偏执，对临界点的到来缺乏耐心，不等市场验证自己的预判等是我不好的习惯和瓶颈，正在努力改善中。

问题20：除了参赛的账户，您还有没有其他非参赛账户？参赛账户和非参赛账户的操作手法是不是一样的？

杨行贵：有的，操作上参赛账户和非参赛账户进出场点位都是一致的。非参赛账户根据客户对风险要求的不同，头寸有所调整；而参赛账户是我的个人账户，风险承受能力比较大，根据行情该怎么做就怎么做。

问题21：您是期货交易员中的80后，前不久还看了您的婚纱照和您美丽的太太。您的家人知道您做期货吗？您是专职做期货还是兼职做？他们的态度怎样？

杨行贵：我专职做期货，家人肯定知道，一开始他们也有所顾虑，后来得知我是真心喜欢期货，并能自食其力，他们也非常支持。**在这里我要特别感谢我太太，一路走来，她在背后给了我很大的鼓励和支持**。

问题22：您跟凌波微步、大海投资等期货人比较熟悉，您是不是经常跟期货圈内人交流？这些做期货的人中，80后多吗？您觉得60、70、80各个年龄阶层的交易员在交易策略和手法上有没有明显的年代特征？

杨行贵：我与时强（凌波微步）、闫岩（甲虫）、冯春燕（大海投资)等期货高手相识结缘于东航金融蓝海密剑 2010~2011 届第一季度颁奖典礼时，交流之后，收获不小，我们至今联系都比较频繁。**对此我鼓励期货投资者多与圈内人交流，相信定会受益匪浅。**个人感觉，80 后中做期货的人挺多，各个年龄阶层的交易者在交易策略和手法上也有一定差别：**80 后年轻敢于尝试，60 后和 70 后老练经验更丰富，但我们彼此都有勇气、耐心等期货交易所需的可贵品质。另外，80 后可以多学一些传统文化知识，这对交易哲学的领悟和实践大有裨益。**

问题 23：您是真正喜爱做期货吗？期货交易给您带来的最大乐趣是什么？希望自己成为一位怎样的期货交易员？

杨行贵：如果不是真正喜爱，不足以支撑我走到现在。

于我个人而言，期货交易的乐趣有三：

(1) 交易是处理梦想与现实差距的艺术(借用凌波微步语)；

(2) 交易需要实践的修行，是通往内心自由的途径；

(3) 交易可以实现财务自由。

我希望自己成为一名纯粹的期货交易者。

问题 24：很多人认为做期货不是看赚多少，是看活多久。在您看来，怎样才算在期货市场站稳脚跟？作为一个坚定的期货爱好者，您会不会把期货当做一辈子的事业来做？

杨行贵：树立正确的交易理念、逻辑体系和人生哲学，获得财富是自然而然的事，况且这财富不只是金钱。

人性亘古不变，市场也不迷惑自己。目前的我，对自己对市场都还需要时间去了解，还有很长的路要走，所以**我会把期货当做一辈子的事业来做。**

吴飚：
短线交易能够让交易员随时保持对市场的敏感性

(2012年7月12日　王芳整理)

吴飚：驰骋股市多年，2002年股市步入长期熊市后转战期货。刚开始以趋势交易为主，之后研究程序化交易。由于投资方法和性格冲突，都没有取得理想效果。2009年尝试短线交易，并通过实盘比赛实现交易生涯的重大突破，此后交易之路越走越顺。

第四届(2011~2012)蓝海密剑期货实盘大赛第一季度亚军，收益率363.54%。

访谈精彩语录：

做空是我的强项，我的期货账户利润大部分来源于做空。

我对自己判断大盘的能力比较自信。

在期货市场待久了，基本上都会有大盈大亏的经历。

风控非常重要，每下一笔单子后，就应该设置一个风险控制。

我对亏损的容忍度很低。

在期货市场不要担心丧失赚钱机会。

没有几百万资金，最好不要做程序化交易。

直觉和盘感其实就是长期观察和练习以后在头脑中形成的一种固化盈利模式。

本能反应就是短线交易的核心。

期货交易者的成功都是源于不断地练习。

不到万不得已，交易员最好不要轻易改变自己的盈利模式。

短线交易有一个很大的好处就是能够让交易员随时保持对市场的敏感性。

做得比较好的品种主要是铜和螺纹钢。

一个交易员既要分析市场，更要分析自己，要分析自己与哪些品种性格相合。

我的交易风格比较适合做波动大的行情。

当价格走势出现均线黏合后的趋势性暴发，肯定会重仓隔夜，而且不断加仓。

把握市场轮动，可以降低风险，提高收益。

参加比赛时，我会有一种强烈战胜对手的欲望，因而会很专注地去做交易。

做期货要心理承受能力强，善于学习，勤于思考。

我不建议亲朋好友去做期货，这个行业成功的人太少，而且很辛苦。

期货交易带来的不仅仅是财富的增长，还有战胜自己、战胜对手、战胜市场所带来的成就感。

问题1：吴飚先生您好，感谢您在百忙之中接受东航金融和期货中国网的联合专访。首先祝贺您在2011年9月19日至2012年2月16日的蓝海密剑期货实盘大赛中以363.54%的收益率获得季度亚军，请问这3个月里，您主要把握了哪几波行情从而获得如此好的收益？

吴飚：个人觉得最主要的原因是2011年下半年的状态比较好，从7月8日开始，账户收益率就在不断提升，到了9月中旬已差不多从低谷翻上来5倍。9～10月期间，我大量空铜，11月空了豆油，抓住了几波大行情。**做空是我的强项，我的期货账户利润大部分来源于做空。**

问题2：请问您做期货多长时间？是在怎样的境遇下接触到期货并参与期货交易的？

吴飚：我最开始做股票，2002年后预期股市会进入长期熊市，于是转战期货市场。2006年，我预期股市会有一波大涨，又重新进入股市，2008年初再转战期货市场至今。**我对自己判断大盘的能力比较自信。**

问题3：您曾经在期货公司待过一段时间，为什么会辞去期货公司的职位，改为专职做期货？当时经历了怎样的思想斗争？

吴飚：去期货公司之前，我对期货其实一无所知。从事期货交易毫无疑问需要学习，当时去期货公司也是为了学习。2006年，几个朋友一起成立了一个投资公司，于是就从期货公司辞职。我真正专职做期货是在 2008 年 1 月，当时中国股票市场泡沫非常严重，而期货市场则孕育着大量的投资机会，所以就把全部精力用在期货市场。2008 年，**中国期货市场虽然行情很大，但我并没赚到多少钱**，原因是国庆前空仓了，国庆后 5 个跌停吓得我不敢放手操作。现在想来觉得很可惜，行情看对了却没做好。

问题 4：您做期货有没有大盈大亏的经历？您的操作最大回撤大概是多少？发生在什么时候？

吴飙：**对每个人来说，在期货市场待久了，基本上都会有大盈大亏的经历**。状态好的时候，几天就可以翻倍，偶尔碰到黑天鹅事件，也会损失很大。我在 2009 年 8 月 24 日，就重仓碰到一个反向停板。幸好当时处理及时，果断止损，没有让损失扩大。**对期货新人来说**，遭遇一两次大亏损并不可怕，重要的是要吸取教训，尽量以后少犯甚至不犯类似错误。另外，做期货，**风控非常重要，每下一笔单子后，就应该设置一个风险控制**。

问题 5：您一般怎样面对亏损？和刚开始做期货时资金亏损后的心情比较，现阶段，如果资金回撤了，您的心态会有怎样的变化？

吴飙：**我对亏损的容忍度很低，只要感觉不对不管是否亏损，先退出再说**。当然，坚信自己判断正确的时候偶尔也扛一下，但如果损失超过自己的心理极限，还是会马上忍痛割掉。刚开始做期货时，亏损了总想快点儿扳本，但往往适得其反。**现在资金回撤了，就会减仓，减少交易频率，再不行就停止交易**，出去走一走。**在期货市场不要担心丧失赚钱机会，与其为寻找机会忙得心力憔悴，不如等待一个适合自己的机会再进场**。

问题 6：您刚开始以趋势交易为主，之后研究程序化交易，都没有取得理想效果，这是为什么呢？您觉得趋势交易和程序化交易各有哪些优缺点？

吴飙：我以前做股票也是做趋势，对趋势交易比较熟悉，而且趋势交易比较好研究，方法也比较简单。但期货交易的高杠杆效应常常给交易者带来巨大的心理压力，容易破坏交易员的执行力。当时研究程序化交易主要是为了解决执行难题，后来深入研究后才发现程序化交易其实是一门很深的学问。另外小资金也不太适合做程序化，因为小资金无法进行组合投资，而组合投资是程序化交易的一个基本要素，组合投资可以降低风险，增加盈利机会，**我个人认为，没有几百万资金，最好不要做程序化交易。**

问题 7：一般新人都是先短线交易，稳定后改做中长线交易，您在什么时候尝试短线交易的？为什么觉得短线交易更适合您？

吴飙：我基本上从开始做期货时，就以短线和小波段为主，震荡稍微大一点儿的趋势都无法守住。不同的交易员有不同的交易方法，这可能和性格有关，**我对亏损的忍受度比较低**，以前有人说过我适合做短线，不适合做趋势，当时我不以为然，自认为有很好的趋势交易系统，肯定比短线交易好。**到后来尝试了一段时间的短线交易后，短期之内收益就翻了几倍，才真正意识到自己更适合做短线**，所以以后的操作就一直以短线操作为主，也许以后做到几千万后会考虑延长交易周期。

问题 8：很多人认为，短线交易主要靠直觉和盘感，您同意他们的说法吗？您觉得短线交易的核心是什么？

吴飙：直觉和盘感其实就是长期观察和练习以后在头脑中形成的一种固化盈利模式。比如打乒乓球，别人告诉你怎么打没用，你必须自己经过长期的训练，不断地思考、总结、改进，然后形成一种本能的反应。这种本能反应就是短线交易的核心。运动员不经过刻苦训练，肯定拿不到奥运冠军，**短线交易员不经过上万笔的实战经验，也很难真正盈利。期货交易者的成功都是源于不断地练习。**

问题9：很多人认为，大资金不适合短线交易，您同意他们的说法吗？为什么？

吴飙：那要看大资金有多大，**而且每个人的交易能力和交易方法不一样，操控的资金规模也不一样**。像西蒙斯的基金，他在全球市场进行短线交易，他的规模是50亿。如果是做单一的市场，规模就要小很多，如果只做单一品种，那资金容量就更小了。

问题10：相比中长线交易者，短线交易者更加劳心劳力，随着资金的积累，有没有想过转向中长线交易？为什么？

吴飙：有时候做不是很活跃的品种的时候，确实感觉出入市场比较困难，也想过改变交易周期，但改变交易周期后就做不好，所以暂时还不考虑做中长线。而且**我看到很多交易员在转型的时候表现非常糟糕，因此不到万不得已，交易员最好不要轻易改变自己的盈利模式。短线交易还有一个很大的好处就是能够让交易员随时保持对市场的敏感性**。最近跟一些私募基金的人员交流发现，他们的资金规模现在到了几亿甚至几十亿了，还在拿百分之一二十的资金亲自操刀做短线，为的就是保持对市场的敏感性，提升自己的交易状态。

问题11：您怎样具体判断一个品种有没有交易机会？一般看哪些指标？

吴飙：具体判断一个品种是否有机会，就技术面来说主要看K线组合、均线、形态，基本面方面看看新闻信息等。然后再根据经验做一个预判，符合预期就赚了，不符合预期就止损。止损后有时候马上反手。

问题 12：您有没有比较偏好的品种？为什么喜欢做这些品种？

吴飚：做得比较好的品种主要是铜和螺纹钢，这两个品种比较符合我的交易模式和交易习惯。**交易员选择某个品种进行重点交易，就像我们在工作中选择合作伙伴一样**。如果性格相合，工作时就容易合作，如果性格不合，就会经常发生争执，也合作不好。因此，交易做了几年以后，就要分析自己适合做哪些品种，哪些品种给自己带来的收益最大。要弄明白其中的原因，**一个交易员既要分析市场，更要分析自己，要分析自己与哪些品种性格相合**。东航的交易评估系统做得很好，可以看到自己以往交易的统计数据，通过这些统计数据，可以发现自己的一些交易特征，这对于交易员发现问题和解决问题起到了很好的作用。

问题 13：您一般选择什么时候进场交易？按照怎样的原则加减仓位？

吴飚：基本上以突破为主，追涨杀跌，觉得概率高的时候就重仓进入，觉得把握不大时就小仓试单。**我这种交易风格比较适合做波动大的行情**，如果市场波动太小，就没法做了，只有休息。

问题 14：对于短线交易者来说，隔夜仓一直是个麻烦而又挑战的问题，您会留隔夜仓吗？仓位多重？根据什么判断是否应留隔夜仓？

吴飚：我留隔夜单主要看行情是否符合我的判断和预期，符合我的预期一般会隔夜，比如**当价格走势出现均线黏合后的趋势性暴发，肯定会重仓隔夜，而且不断加仓**。如 2011 年 9 月的螺纹钢。

问题 15：您觉得对短线交易者来说，什么样的行情是好行情，什么样的是不好的行情?

吴飙：连续大幅上涨或下跌的行情比较好做，对我而言这就是最好的行情，但这种情况太少了。一年能把握一两次，全年收益就非常可观了。

问题 16：做期货之前，您已驰骋股票市场多年，您现在还做股票吗？在股票和期货上的资金配置比例是怎样的？还有没有配置其他金融资产？

吴飙：一直在股市和期货市场轮转，资金配置要看市场机会，机会大的市场配置资金自然多一些。近几年股市和期市有跷跷板的效应，比如2006~2007年股市好的时候，期货市场波动明显要小很多，行情也比较难做，2008~2011年股市不是很火爆的时候，期货市场波动很大，机会很多。而到了今年，股市慢慢变热的时候，期货市场却在持续降温。**把握市场轮动，可以降低风险，提高收益。**

问题 17：就您个人而言，您更喜欢期货多点儿还是股票多点儿？为什么？

吴飙：做股票比较安心，做期货比较操心，我目前还是比较喜欢做期货，做期货比较有激情。

问题 18：您目前对自己的期货交易策略以及在期货交易中的行为习惯满意吗？觉得在期货交易中哪些做得不好，需要改进？

吴飙：我对自己的状态还算基本满意。但人都不是十全十美的，不好的习惯肯定有。比如在止损方面，有时候仓位比较轻，到了止损位不砍仓，幻想能扛过去，结果小单亏大钱。

问题 19：您曾经说过，您是通过实盘比赛实现交易生涯的重大突破，此后交易之路越走越顺。实盘交易比赛能给您带来什么？会让您有怎样的突破？

吴飚：实盘比赛比较有挑战性，我认为作为一个职业交易员需要用通过实盘比赛肯定自己。**参加比赛时，我会有一种强烈战胜对手的欲望，因而会很专注地去做交易**。当你很专注地去做一件事的时候，往往会做得很好。

问题20：众多期货高手中，您最欣赏谁？

吴飚：这些年期货实盘大赛越来越多，通过比赛也涌现出了很多期货高手。我和高手接触的机会并不多，对他们都不是很了解，所以不好妄加评论。**就目前来说对我影响比较大的一位期货前辈是青泽**，我听过他的几次演讲，深受启发，他对期货交易的认识，在中国应该属于顶级水平了。

问题21：您觉得您目前的状态算是实现稳定盈利吗？您觉得什么样的人适合做期货？

吴飚：个人感觉还可以，期货毕竟是风险游戏，资金回撤百分之三四十应该能承受。我目前虽然资金波动不算太稳定，但还是能实现每年增长。**做期货要心理承受能力强，善于学习，勤于思考。**

问题22：您身边的亲人朋友知道您做期货赚了很多吧？如果他们也想进入期货市场，询问您的意见时，您一般怎样建议他们？

吴飚：我不建议亲朋好友去做期货，这个行业成功的人太少，而且很辛苦。当然我也不反对执意要加入期货行业的人，因为这个行业还是有很多成功的榜样。只要你肯努力，肯付出，还是有成功的可能。

问题23：您喜欢做期货吗？会不会把期货当做一辈子的事业来做？期货给了您怎么样的乐趣？

吴飚：交易既是我的工作也是我的兴趣，可能一辈子都离不开这个行业了,就像巴菲特一样,到了 80 岁了还在做投资。**期货交易带来的不仅仅是财富的增长,还有战胜自己、战胜对手、战胜市场所带来的成就感。**

附录一
"蓝海密剑"第四届（2011~2012）期货实盘大赛获奖名单公告

年度先锋勋章

年度净值排名	资产账号	选手	单位净值	奖金(元)
1	8580012	shou115	6.47	150000
2	8515039	株洲老马	6.46	90000
3	8582215	lfl	5.38	60000
4	8580767	雪狼polar	5.07	50000
5	8515025	cloudxu	4.72	40000
6	DHZX8278	LOU	4.47	30000

军种第一	资产账号	选手	单位净值	奖金(元)
集团军	8510113	freezegogo	2.71	30000
导弹部队	8580515	jane	4.19	30000
空军	8580518	杭州尚泽投资	4.19	30000
海军	8580961	tjahzgj	2.47	30000
陆军	8580025	chinababy	3.55	30000
预备役	8581505	惊鸿魅影	4.25	30000
机枪手	8581376	一叶轻舟	1.6	30000
远征军	DHZJ2009	韩柏	2.47	30000
志愿军	8519999	爱上趋势	3.83	

快速反应勋章

排名	资产账号	选手	奖金(元)
1	8510208	擎天柱	100000
2	8515252	郑加华	60000
3	8510113	freezegogo	30000

高地军旗手

资产账号	选手	奖项说明	奖金(元)
8580591	喜得千金	打破月收益率记录	100000

晋衔奖

资产账号	选手	盈利额	原军衔	晋升军衔	奖金(元)
8510113	freezegogo	7,647,421	上校	中将	170,000
8580515	jane	5,513,990	上校	中将	170,000
8580800	syz1236	3,263,572	上尉	少将	97,000
100001	镌灏投资Ⅰ	4,618,455	上校	少将	70,000
8580961	tjahzgj	2,255,718	上尉	大校	47,000
8580216	老树	2,465,711	少校	大校	40,000
8580666	叶小凤	2,722,211	中校	大校	30,000
8580528	镌灏投资Ⅱ	2,514,994	中校	大校	30,000
8580518	杭州尚泽投资	1,333,166		上校	30,000
7089111	长安财富1号期货基金	1,041,815		上校	30,000
8580027	a197208837	1,005,401		上校	30,000
8510999	9号基金	1,133,702	少校	上校	20,000
8830381	sampras	1,026,381	少校	上校	20,000
8580888	镌灏投资	1,896,243	中校	上校	10,000
8510208	擎天柱	1,454,898	中校	上校	10,000
8515877	东东锵	901,854		中校	20,000
8515025	cloudxu	834,474		中校	20,000
7208008	爱上趋势的小清新	709,448		中校	20,000
7097067	杭州华天纸业	673,179		中校	20,000
8580767	雪狼polar	585,855	中级士官	中校	20,000
8580025	chinababy	505,077		中校	20,000
8580707	xiaorong	788,901	少尉	中校	19,000
8515266	风生水起	840,865	中尉	中校	18,000
8515568	天降大任9.0神灵附体	557,060	中尉	中校	18,000
8510822	daohun	551,748	中尉	中校	18,000
7173002	丁洪波	609,082	少校	中校	10,000
7212001	James	461,055		少校	10,000

续表

8510121	平恺	431,103	高级士官	少校	10,000
8580151	wubiao888	424,067	中级士官	少校	10,000
7151002	江南之春	392,077		少校	10,000
7999888	融景投资	391,716		少校	10,000
8581505	惊鸿魅影	309,576		少校	10,000
8582191	盛夏光年	302,529		少校	10,000
DHFS3607	阿福	469,764	中尉	少校	8,000
8510212	jianke	456,387	上尉	少校	7,000
8580621	段定川	347,849	上尉	少校	7,000
8580108	江枫渔火	305,380	上尉	少校	7,000
8515068	朱啸宇	302,411	上尉	少校	7,000
8830862	小包哥哥	295,587		上尉	3,000
8581382	INNOV	288,612		上尉	3,000
DHZJ2009	韩柏	272,096		上尉	3,000
7011098	nzw	270,050		上尉	3,000
DHWD0812	倪伟东	240,003		上尉	3,000
7309002	林朝昱	220,381		上尉	3,000
8581022	8581022	177,134		上尉	3,000
7293006	恶狼	176,032		上尉	3,000
8999925	周亮2	162,399	中级士官	上尉	3,000
8580712	滚雪球	171,806	少尉	上尉	2,000
8580056	久赌必赢	210,501	中尉	上尉	1,000
8580013	mariana	167,530	中尉	上尉	1,000
8513816	wyhaier	157,419	中尉	上尉	1,000
8515011	方新侠	135,378	中级士官	中尉	2,000
8582001	lijian1111	133,688		中尉	2,000
8580977	8580977	133,007		中尉	2,000
DHHX3902X	陆家嘴野牛	127,379		中尉	2,000
8580952	spear2345	120,366		中尉	2,000
8518208	borlan	118,748		中尉	2,000
8515231	如履薄冰	111,266	初级士官	中尉	2,000
8831185	惊鸿丽影	106,535		中尉	2,000
8800341	cheshuming	106,477	初级士官	中尉	2,000
8515690	vinjo	101,289	中级士官	中尉	2,000

续表

8511973	丑·逍遥	98,858	高级士官	中尉	2,000
8516999	forest	97,471	高级士官	中尉	2,000
8580828	xiezh50	93,956		中尉	2,000
8580171	wzshaohai	92,491	中级士官	中尉	2,000
8831012	nguyen	90,100		中尉	2,000
8580262	Allan4	90,043	高级士官	中尉	2,000
8580571	wujiazhu	85,895		中尉	2,000
8580159	synge	84,985		中尉	2,000
8515035	风云际会	84,780		中尉	2,000
8515881	wulixin	80,399	中级士官	中尉	2,000
8580268	当下承当	80,166	高级士官	中尉	2,000
8515781	潜龙勿用	147,139	少尉	中尉	1,000
8515717	nn911	142,927	少尉	中尉	1,000
8515193	juibat	122,085	少尉	中尉	1,000
8580850	guyueni	93,742	少尉	中尉	1,000
8580358	Allan5	88,590	少尉	中尉	1,000
8581032	随波逐流168	81,359	少尉	中尉	1,000
8580105	minstrel	78,937	中级士官	少尉	1,000
7828088	唐朝盛世中国战略资本	75,959		少尉	1,000
8580662	zhangkeke	75,135	中级士官	少尉	1,000
8581099	feiyu2010	72,678		少尉	1,000
8581090	好好与坏坏	72,663	中级士官	少尉	1,000
7173027	沉默交易者	72,611		少尉	1,000
8510055	hmycyy	66,778		少尉	1,000
8580277	关山007	66,758	初级士官	少尉	1,000
8610051	cliff_jump	66,721		少尉	1,000
8516288	cchenlongg	66,078	中级士官	少尉	1,000
8515039	株洲老马	60,965		少尉	1,000
8580223	chchg751231	54,445		少尉	1,000
8580627	bravemk	52,612		少尉	1,000
8610166	守护者	51,544		少尉	1,000
7538002	龙女赚钱钱	51,094		少尉	1,000
8581381	王九力	50,864		少尉	1,000

续表

资产账号	参赛名	盈利额	原军衔	晋升军衔
8580099	cnjxndlc	49,009		高级士官
8582079	小娟子	48,237		高级士官
8515205	jfs19833721	47,732		高级士官
7270021	荣晓东	46,470		高级士官
8580336	ZY741105	46,118		高级士官
7375001	多边形	45,129		高级士官
8580012	shou115	44,770		高级士官
8582037	希成-5	42,844		高级士官
8581376	一叶轻舟	42,744		高级士官
8515837	梁任	42,215		高级士官
8515862	huangwaihui	41,539		高级士官
8582053	期海钓鱼	40,952		高级士官
DHXL4977	谢磊	39,250		高级士官
8581397	V之风基金	38,046	中级士官	高级士官
8581561	ddd8833	36,295		高级士官
8515336	qihuo201010	35,648		高级士官
8585585	日洛日出	33,293		高级士官
8580207	panjian163	32,005	中级士官	高级士官
6020301	李新4501	30,722		高级士官
8515760	qqsak	30,532	初级士官	高级士官
8516688	zhangzhenghsi	29,513		中级士官
8581041	bsfbli	27,978		中级士官
8510313	醍醐灌顶之妖	26,884		中级士官
8580870	余勇	26,506		中级士官
8582069	期货初学者	25,535		中级士官
8831196	德全不危	25,377		中级士官
8580725	朱顺智	24,625		中级士官
DHLY3131	FLY	24,191		中级士官
8515887	candy_qiao	23,694	初级士官	中级士官
8581557	孙月明	21,988		中级士官
8580363	rtl867356	21,095		中级士官
7187009	肖铭丽66	20,794		中级士官

续表

7639006	财富游戏5号天际流云	20,725		中级士官
7700199	江南壹号	20,443		中级士官
7213382	许波	19,282		中级士官
8581121	金融世家	19,061		中级士官
8580059	chz4444	18,797		中级士官
8581539	只剩内裤	18,416		中级士官
8580163	lucky_lw	17,943		中级士官
8515783	zhangxiaoen18	17,279		中级士官
8580155	苗杰	17,145		中级士官
8800511	li_ying777	16,740		中级士官
8510087	yytyyt	16,691		中级士官
8580355	海鹰二号	15,411		中级士官
7203028	精钓一号期货模型	14,793		中级士官
8580881	代关云	14,741	初级士官	中级士官
8580575	fengfengyu	14,263		中级士官
7710025	个de梦想	13,273		中级士官
8510818	jiangcs	13,151		中级士官
DHZY9089X	houyong	12,954		中级士官
8515670	uhe0578	12,734		中级士官
8581502	业余八段	12,370		中级士官
8518688	广东茂名 成济嘉	11,637		中级士官
8580136	icefree	10,876		中级士官
8581116	逸飞冲天	10,428		中级士官
8515605	liyangchun	9,622		初级士官
8580596	韩柏	9,615		初级士官
8580751	曹俊杰	9,288		初级士官
8580600	高长征	9,255		初级士官
8680095	omnbmh	9,153		初级士官
8581077	布川猎酷	9,130		初级士官
7769001	哈哈呼啦	8,824		初级士官
8515519	zhgch3998	8,778		初级士官
DHTX9130	直隶总督	8,775		初级士官
8580986	豪迈人生	8,598		初级士官

续表

8580937	bhh100609	8,446		初级士官
8582229	趋势与震荡	8,211		初级士官
SZHB8975H	hendry118	7,666		初级士官
8512299	樱子	7,420		初级士官
8515859	opkllll	6,809		初级士官
8581513	神圣子	6,800		初级士官
8582182	崇拜老于	6,294		初级士官
8582178	119820901	6,176		初级士官
8510161	cqfcqf	5,976		初级士官
8800925	许健	5,920		初级士官
8515678	daming	5,859		初级士官
8582052	忍小谋大	5,845		初级士官
8580263	huchunguang	5,750		初级士官
8614444	wzx	5,674		初级士官
8515533	strong	5,616		初级士官
7070262	王丽云	5,555		初级士官
8582100	太极	5,464		初级士官
8515322	litian	5,270		初级士官

注：按照比赛规则，晋衔奖颁发给当届比赛超过 3 个月且衔级较第三届比赛提升选手，奖金为衔级差额。校官以上选手获奖项奖金同时奖励佩剑，其余衔级获精美军刀。

附录二
"蓝海密剑"第五届(2012～2013)
中国对冲基金经理公开赛特点

"蓝海密剑"第五届(2012～2013)中国对冲基金经理公开赛在保留原有赛制的基础上，秉承"促进衍生品市场投资管理人才的成熟、探索和积累衍生品投资基金管理经验、推动我国衍生金融力量全面成长"的一贯宗旨，对比赛规则进行了重大升级。

★引入盟军序列，不限期货交易商，提供必要信息后，均可报名参赛一展实力；

★推出公开透明的"星级基金经理体系"，深入评估和培养期货基金人才；

★增设1000万重量级别的基金组，为广大期货基金提供展示舞台；

★志愿军、盟军赛制突破，全面参与排名、奖项和基金经理评选；

★为全面发掘国内期货基金人才，升级为中国对冲基金经理公开赛。